MERIAN*momente*

KORSIKA

STEFANIE HOLTKAMP

Zeichenerklärung

 barrierefreie Unterkünfte

 familienfreundlich

🕐 Der ideale Zeitpunkt

🚩 Neu entdeckt

◎ Ziele in der Umgebung

📖 Faltkarte

Preisklassen

Preise für ein Doppelzimmer mit Frühstück:

€€€€ ab 180 €	€€€ ab 120 €
€€ ab 60 €	€ bis 60 €

Preise für ein dreigängiges Menü:

€€€€ ab 45 €	€€€ ab 30 €
€€ ab 15 €	€ bis 15 €

KORSIKA ERKUNDEN   56

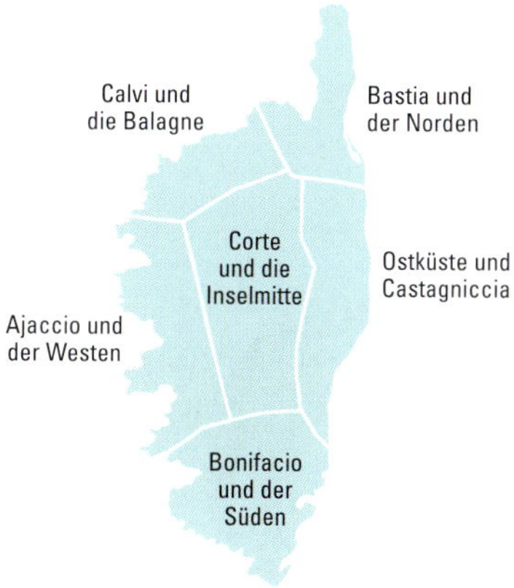

Calvi und
die Balagne

Bastia und
der Norden

Corte
und die
Inselmitte

Ostküste und
Castagniccia

Ajaccio und
der Westen

Bonifacio
und der
Süden

TOUREN AUF KORSIKA   126

KORSIKA ERFASSEN   136

KARTEN UND PLÄNE

KORSIKA
ENTDECKEN

MEIN KORSIKA

Sie ist unvergleich schön, diese kleine Insel vor der Küste Italiens. Mit ihren feinsandigen Buchten und charmanten Dörfern, mit reichlich Sonnenschein und gastfreundlichen Menschen bietet sie alles für einen gelungenen Urlaub.

Kallisté, die Schönste. Mit diesem Namen priesen schon die alten Griechen die Insel Korsika – Île de Beauté, Insel der Schönheit, ist das französische Pendant. Korsika verführt zu Superlativen. Strahlend weiße Strände zwischen sattgrünen Pinien und türkisblauen Buchten säumen die Küsten. Baden kann man von Mitte Mai bis in den Oktober. Die Hochsaison konzentriert sich auf Juli und August, außerhalb dieser Zeit ist es an vielen Stränden erfreulich still. Doch wer das Meer nicht verlässt, verpasst das zweite, ebenso attraktive Gesicht der Insel: Im dünn besiedelten Landesinneren wartet ein wildes Gebirge mit karstigen Granitbergen, knorrigen, vom Wind geformten Lariciokiefern, schroffen Schluchten, viel Wasser und steinigen, aber gut markierten Wanderpfaden.

◄ Der Strand von Palombaggia (▶ S. 45)
gehört zu den schönsten der Insel.

Zwischen Bergen und Meer leben die Menschen in Dörfern mit viel mittelalterlicher Bausubstanz und mediterranem Charme. Hektik ist ein Fremdwort. Die Zeit scheint hier nur langsam zu vergehen. Seine Heimat, Freiheit und Unabhängigkeit sind dem Korsen ein wichtiges Gut, und gerne gönnt er diese Freiheit auch seinen Tieren. Die übliche Praxis der extensiven Weidehaltung bestimmt nachhaltig das Gesicht der Bergregionen. Schafe, Ziegen, Kühe und unglaublich viele Schweine dürfen auf den schmalen Straßen nach Lust und Laune herumspazieren. Sie verbringen den Sommer frei in den Bergen und sind im Herbst die Basis vieler kulinarischer Spezialitäten.

EIN NATURPARADIES

Meine erste Begegnung mit der Insel ist Teil meiner Familiengeschichte. Ich war drei Jahre alt, als mein Vater mich abendlich vor dem üppigen Buffet eines bekannten Ferienclubs, damals noch ansässig in der Bucht von Santa Giulia, auf und ab trug. Auf dem Teller landete nach ausführlichen Erklärungen zum Inhalt sämtlicher Schalen und Töpfe stets eine Portion Reis mit Tomatensauce. Danach vergingen viele Jahre bis zum Wiedersehen mit der schönen Mittelmeerinsel. Als junge Familie, selbst mit zwei kleinen Kindern auf Reisen, faszinierten uns die tollen Strände, die wilden Berge und die unendlichen Möglichkeiten Korsikas. Das ist bis heute so geblieben. Die meisten Orte der Insel sind winzig, und selbst Ajaccio, die größte Stadt Korsikas, hat kaum mehr Einwohner als eine deutsche Kleinstadt. So hat die Natur auf der Insel viel Platz: Fast das komplette Bergland – gut ein Drittel der Inselfläche – steht als Parc Naturel Régional de Corse unter Schutz. Hier leben Mufflons, Steinadler und eine der letzten Geierkolonien Europas. An der Westküste in der »Réserve naturelle de Scandola«, die genau wie die benachbarte Calanche als UNESCO-Weltnaturerbe klassifiziert wurde, brüten die seltenen schwarz-weißen Fischadler. In der Macchia gibt es noch frei lebende Schildkröten. Der korsische Kleiber, ein kleiner Singvogel, und die typisch korsischen Eidechsen gelten als endemische Arten. Das heißt, es gibt sie nur hier auf der Insel. Aber nicht nur das Land, auch die Meerenge zwischen Korsika und Sardinien wurde 2012 in Zusammenarbeit mit dem Nachbarland Italien als »Parc marin international des Bouches de Bonifacio« zum Schutzgebiet erklärt. Korsika ist ein Naturparadies.

ZIEL FÜR INDIVIDUALISTEN

Neben der Landwirtschaft ist der Tourismus der wichtigste Wirtschaftszweig. Die meisten Unterkünfte sind komfortabel, und auch Hotels der Luxusklasse sind gut vertreten. Besonders stimmungsvolle Unterkünfte finden Sie im Landesinneren. Oft haben Einheimische in ihren Dörfern charmante Quartiere geschaffen, die mit viel Herz und Engagement geführt werden. Hotels am Meer sind meist moderner und stärker auf den Badetourismus ausgerichtet. Da aber viele Expansionspläne geschäftstüchtiger Investoren am erbitterten Widerstand der Bevölkerung scheiterten, gibt es selbst an der Küste nur wenige Bausünden zu beklagen, und Korsika ist überall ein Ziel für Individualisten geblieben.

Etwa ein Drittel der 1000 km langen Küstenlinie eignet sich zum Baden, und die Strände Korsikas gehören zu den schönsten Badeplätzen des Mittelmeerraumes. Eine gut entwickelte Gastronomie mit französischer, italienischer und korsischer Küche verwöhnt auch den Gaumen anspruchsvoller Gäste, und schöne Küstenorte wie Porto-Vecchio, Bonifacio, Ajaccio, Calvi, Île Rousse oder Saint-Florent bieten Raum zum Flanieren, Bummeln und ein attraktives Abendprogramm.

KORSIKAS REGIONEN

Besonders malerisch sind die Buchten im Süden um die schöne alte Stadt Porto-Vecchio und die verborgenen Badeplätze in der Wildnis der Südspitze. Hier und rund um die in irrwitziger Lage auf einer Klippe errichtete Festungsstadt Bonifacio befindet sich eine der schönsten, aber auch die teuerste Urlaubsregion Korsikas. Die Krönung des Luxus sind die Île de Cavallo und das Capo Pertusato bei Bonifacio: Hier logiert fast nur noch die High Society. Das zweite große Badeziel der Insel ist die Balagne, die mit der genuesisch geprägten Festungsstadt Calvi und den schönen Dörfern im Hinterland auch abseits vom Meer viel zu bieten hat.

An der Westküste ist das Meer wilder und das Landschaftsbild karger. Der landschaftliche Höhepunkt sind die zerklüfteten Klippen der Calanche, die durch die rote Färbung des Gesteins einen tollen Farbkontrast zum tiefblau leuchtenden Meer bilden. Die ebene Ostküste ist landschaftlich weniger aufregend, bietet mit ihren langen Stränden aber ein gutes Ziel für einen vergleichsweise preisgünstigen Badeurlaub. Überall sind die Berge von der Küste gut und schnell erreichbar, und Ausflüge ins Landesinnere lohnen sich in allen Regionen. Wer hauptsächlich zum Wandern kommt, wählt sein Quartier im Umfeld der heimlichen Inselhauptstadt Corte oder im Golfe de Porto an der Westküste.

EINE REISE NACH KORSIKA

Das Kulturprogramm einer Korsikareise ist von der Vergangenheit bestimmt. Gut erhaltene Ruinen frühzeitlicher Ansiedlungen wie zum Beispiel Capula, Cucuruzzu und Filitosa, errichtet an beinahe mystisch schönen Orten, beeindrucken viele Besucher. Auch Dolmen, Steinreihen und die eindrucksvollen Menhirstatuen, die im Mittelmeerraum einmalig sind, gehören zu den wichtigsten touristischen Zielen der Insel. Im Norden Korsikas sind aus der Zeit der pisanischen Besatzung sehr alte Kirchen, im einfachen Stil der pisanischen Romanik erhalten, die die Zeit beinahe unverändert überdauert haben. Ein spannendes Museum zur korsischen Geschichte gibt es in Corte, ein weiteres in Levie in der Alta Rocca, und Ajaccio verfügt mit dem Musée Fesch über ein Kunstmuseum von Weltrang.

Trotzdem eignet sich Korsika eher für einen Bade- und Aktivurlaub als für eine Bildungsreise. Berge und Meer – Korsika hat beides. Wanderer und Kletterer finden hier genauso ihr Paradies wie Taucher, Liebhaber des Segelsports oder Familien auf der schwierigen Suche nach einem Ziel, das Groß und Klein glücklich macht.

Wer im Urlaub gerne Neues ausprobiert, könnte sich hier täglich in einer neuen Sportart versuchen. Besonders ungewöhnlich sind die Ausflüge, die die weitgehend unbewohnten Landstriche in den Bergen und auch am Meer möglich machen: Zu Fuß, mit einem Esel als Packtier, zu Pferd oder auch mit einem Kanu könnten Sie mehrere Tage abseits der Zivilisation unterwegs sein. Korsika ist eine Insel, auf der Sie noch echte Abenteuer erleben können, ohne dabei den entspannten, genussvollen Aspekt des Urlaubs zu vernachlässigen. Aber auch ohne große Ausflüge in die Wildnis ist Korsika ein Erlebnis: Mischen Sie einfach Sport, Faulenzen, Strandleben und Kultur zu einem bunten abwechslungsreichen Reiseprogramm und kehren Sie bald zurück, denn ein einziger Urlaub reicht niemals für die Vielfalt dieser Insel. Und eines ist sicher: Sie werden diese Insel lieben.

DIE AUTORIN

Die Autorin und Grafikdesignerin **Stefanie Holtkamp** kennt Korsika schon seit Kindheitstagen. Bis heute ist sie fasziniert von den tollen Stränden, den wilden Bergen und den unendlichen Möglichkeiten der Mittelmeerinsel. Durch die regelmäßige Arbeit an einem Familien- und Wanderführer über Korsika sowie an diesem Reiseführer ist sie der »Insel der Schönheit« seit Jahren eng verbunden.

MERIAN TopTen

*Diese Höhepunkte sollten Sie sich bei Ihrem Besuch auf keinen Fall
entgehen lassen: Ob Bonifacio, die Ausgrabungsstätte Filitosa
oder das Cap Corse – MERIAN präsentiert Ihnen hier die wichtigsten
Sehenswürdigkeiten Korsikas.*

1 Plage de Palombaggia
Weißer Sand, umgeben von rotem
Fels und einem Pinienwald, davor das
Meer. Palombaggia gilt als der schönste
unter Korsikas Stränden (▶ S. 45).

2 San Michele de Murato
Ihr markantes Zebramuster und die
ausdrucksstarken naiven Figuren in der
Außenfassade machen die alte romanische Kirche so eindrucksvoll (▶ S. 69).

3 Sant'Antonino
Ein Dorf wie ein Adlerhorst. Enge Gassen mit Treppen und Tunneln führen
zwischen den Häusern zum Aussichtspunkt auf der Bergspitze (▶ S. 78).

4 Calanche de Piana
Rotes Porphyrgestein vor blauem
Meer: Die Weltnaturerbe-Felsen der
Calanche zählen zu den schönsten Küstenabschnitten Korsikas (▶ S. 86, 88).

5 Bonifacio
Ganz im Süden, mit Blick nach Sardinien, thronen die Häuser von Bonifacio auf weißen Klippen hoch über
dem Meer (▶ S. 91).

6 Filitosa
In Filitosa haben schon seit 8000 Jahren Menschen ihre Spuren hinterlassen. Die hier entdeckten Steinskulpturen sind einzigartig (▶ S. 98).

Aiguilles de Bavella

Die »roten Dolomiten« Korsikas sind ein beliebtes Kletter- und Wandergebiet. Eine kurvenreiche Passstraße erschließt das Bavellagebirge auch für Autofahrer (▶ S. 102).

8 Corte

Die heimliche Hauptstadt Korsikas und ihre erhabene Zitadelle schweben in schönster Berglage zwischen Gegenwart, Vergangenheit und Zukunft (▶ S. 117).

9 Cascades des Anglais

Bachtäler mit tiefen Gumpen und kleinen Wasserfällen gehören zu den ungewöhnlichsten Naturschönheiten Korsikas. Diese Kaskaden sind auf einem bequemen Weg erreichbar (▶ S. 125).

10 Cap Corse

Eng aneinandergedrängt stapeln sich die Häuser der winzigen Fischerdörfer um schmale Kiesbuchten. Auf dem Cap Corse scheint die Zeit vollständig stillzustehen (▶ S. 128).

MERIAN Momente
Das kleine Glück auf Reisen

Oft sind es die kleinen Momente auf einer Reise, die am stärksten in Erinnerung bleiben – Momente, in denen Sie die leisen, feinen Seiten Korsikas kennenlernen. Hier geben wir Ihnen Tipps für kleine Auszeiten und neue Einblicke.

❶ Korsikas Musik für Ohren, Herz und Seele

»A segonda«, die tragende Stimme, eröffnet das Lied, dann vervollständigt »u bassu« das Spiel der Töne. Die dritte Stimme – »a terza« – webt ein Netz fremd klingender und doch passender Töne über die Grundmelodie. All das zusammen ergibt die Grundstruktur einer traditionellen korsischen Paghjella, die ohne Instrumente intoniert wird. Korsische Polyphonie ist so emotional wie stimmungsvoll und wurde 2009 von der Unesco als schützenswertes kulturelles Erbe klassifiziert. Besonders vielschichtig sind die akustischen Eindrücke auf den zwei großen Festivals in Pigna und Calvi. In den Sommermonaten sind die Musiker auf der ganzen Insel auf Tournee. Im Heft »A Canzona in giru«, das in den Informationen ausliegt, finden Sie die wichtigsten Konzerttermine. Karten bekommen Sie auch spontan an der Abendkasse. Estivoce: www.centreculturelvoce.org/estivoce.html | Rencontre de Chantes Polyphoniques: myspace.com/rencontrescalvi

2 Der schönste Blick übers Meer, Bastia ✦ E3

Zwischen der Stadt und dem Meer liegt die winzige Parkanlage des Jardin Romieu. Beinebaumelnd sitzen wir auf der Mauer, Musik weht aus dem Hafen, das tiefe Tuten der abfahrenden Fähren erklingt. Den Weg zu diesem idyllischen Plätzchen findet, wer vom südlichen Flügel des alten Hafens die breite Steintreppe hinauf in Richtung Zitadelle nimmt. Durch ein schmiedeeisernes Tor betritt man den kleinen Park, der die restaurierte Zitadelle von Bastia mit dem Alten Hafen verbindet. Vorn an der Mauer bietet eine Terrasse einen stillen Sitzplatz unter Palmen.

Bastia | Quai du Sud

3 Der Mond am Himmel, die Füße im Meer, Calvi ✦ B 4

Sand knirscht unter den Füßen, vom Meer hört man ein rhythmisches Rauschen, und aus der Stadt dringt Musik und Lachen herüber. Tausend Lichter zaubern die kleiner werdende Silhouette Calvis an den Horizont. Mit jedem Schritt wird es dunkler und stiller.

Ein nächtlicher Spaziergang am Strand hat in der Bucht von Calvi besonderen Reiz. Der Sandstreifen beginnt in der Stadt und bietet mit seiner stattlichen Länge von 4 km auch für lauffreudige Menschen ausreichend Raum. Und bei der Rückkehr in die erleuchteten Gassen findet sich auch zu später Stunde eine geöffnete Bar.

Calvi | nördl. des Hafens

4 Innehalten im Paradies der Eidechsen, Occi ✦ B 4

Occi ist schon lange nicht mehr bewohnt. Das Dorf wurde zur Zeit der Piratenüberfälle auf einer Ebene hoch über Lumio errichtet. Nahende Schiffe sah man von hier sofort, die Siedlung auf dem Berg blieb dagegen gut verborgen und ließ sich zudem leicht verteidigen. Heute sind die Häuser nur noch bröckelnde Ruinen, die Natur erobert den Berg zurück. In den Mauerritzen der Häuser leben Eidechsen, ein Milan zieht über dem Platz vor der notdürftig instand gehaltenen Kirche seine Kreise, und der Blick zum Meer ist unverändert schön. Stille ist in Occi eingezogen und schenkt dem Ort einen ganz besonderen Zauber.

Einstieg in den Pfad nach Occi in Lumio am Parkplatz neben dem Hotel St-Charles | Aufstieg ca. 35 Min. | 250 Höhenmeter

7

5 Tapas genießen im Café A Casarella, Pigna   B 4

Für manche ist dies das schönste Café Korsikas. Gemütliche bunte Kissen liegen auf einer Steinbank, darüber spendet ein einfaches Dach aus Schilfmatten und wildem Wein angenehm Schatten. Nehmen Sie Platz auf der schmalen Terrasse mit Ausblick über die Küste und gönnen Sie sich eine kleine Auszeit. Ein lauer Wind streicht um die einfachen Tische, und Kaffee, heiße Schokolade und der hausgemachte frische Kuchen schmecken einfach köstlich.

Alle Tische vor dem kleinen Café sind schon besetzt? Keine Sorge, auch der Blick von der zweiten Terrasse eine Etage weiter oben ist grandios. Wer es lieber deftig als süß mag, der bestellt eine Auswahl korsischer Tapas. Ob leckere Auberginenpaste, eine Schale Oliven oder eine Käseauswahl – alle Speisen werden auf kleinen Tellern serviert und eignen sich als leichtes Mittagessen oder als Aperitif am Abend. Am besten, Sie bestellen noch ein Glas Wein dazu und genießen den Blick auf den traumhaften Sonnenuntergang.

Pigna | Tel. 04 95 61 78 08 | tgl. 10.30–22.30 Uhr

6 Sonnenuntergang an den Îles Sanguinaires, Ajaccio   A 9

Die vier kleinen Felsinseln an der Landspitze zwischen dem Golf von Ajaccio und dem Golf von Sagone gehören zu den beliebtesten Ausflugsorten von Ajaccio aus und sind mit dem Boot leicht zu erreichen. Der seltsame Name wird gerne als »Blutinseln« übersetzt. Kurz bevor die Sonne im Meer versinkt, reflektieren die Inseln das Licht und leuchten dramatisch blutrot. Ursprünglich leitet sich der Name wohl gar nicht vom französischen Wort »sang« (Blut) ab, sondern die »Isule Sagunaris«, wie sie auf mittelalterlichen Karten heißen, sind einfach die Inseln von Sagone.

Der Schönheit des Sonnenunterganges an der zerklüfteten Landspitze tut die Namensdiskussion jedoch keinen Abbruch. Romantisch ist der Platz am Turm oder der Spaziergang um die Halbinsel im Abendlicht. Ein schmaler, steiniger Pfad führt hier mit stetig wechselndem Blickwinkel auf die roten Inseln über dem Meer entlang. Allerdings müssen Sie rechtzeitig vor Einbruch der Dunkelheit zurückkehren. Ohne Licht ist der Pfad zu gefährlich. Vom Parkplatz am Ende der Route Sanguinaires zum Turm auf der Halbinsel ca. 20 Min. | den Rundweg um die Halbinsel läuft man in 40 Min.

7 Auf der Escalier du Roi d'Aragon, Bonifacio   D 12

187 Stufen führen im Fels der Steilwand hinunter zum Meer. Die Legende behauptet, dass der König von Aragon, der Bonifacio im Jahr 1420 fünf lange Monate belagerte, die steile Steintreppe in einer einzigen Nacht in den Felsen

schlagen ließ, um die Einwohner der Stadt zu überrumpeln. Die List wurde rechtzeitig entdeckt und die Stadt wenig später von genuesischen Schiffen gerettet. Eine Quelle am Fuß der Treppe legt dagegen die Vermutung nahe, dass das imposante Bauwerk wohl eher der Trinkwasserversorgung diente und die Legende der Fantasie entsprungen ist. Nichtsdestotrotz: Der Abstieg über die steilen Stiegen lohnt sich. Die Treppe endet auf einer Galerie in der Klippe dicht über dem Meer und ist sehr eindrucksvoll.

Bonifacio | Citadelle Montlaur | Zugang zur Treppe beschildert | tgl. 9–20 Uhr | Eintritt 2,50 €

8 Savoir vivre mit Boule, Crêpes und Meer, Pinarello E 10

Ein Boule-Platz, eine Holzhütte und eine Reihe roter Liegen mit Blick auf das Meer: Die winzige Crêperie Le Grain de Sable (Sandkorn) ist ein echter Lieblingsplatz an der Uferpromenade von Pinarellu. Crêpes und Sandwiches sind so köstlich wie preiswert.

An den weißen Metalltischen im schattigen Garten lernen Sie alles über Boule, das auch an Korsikas Küsten ein allgegenwärtiges Freizeitvergnügen ist. Am allerbesten schmeckt der Kaffee jedoch auf einer der Liegen mit Blick auf die Bucht und den wuchtigen Wachturm auf dem Capo di Fora.

Pinarello | Uferpromenade (das letzte Haus auf der Meerseite) | Tel. 06 20 25 30 09

9 Ein Bad im Bergbach bei Solenzara E 9

Das Wasser ist glasklar und so tief, dass die Füße keinen Grund mehr finden. Eingerahmt von schroffen Felsen bildet die Solenzara wenige Kilometer vor ihrer Mündung ins Meer tiefe Gumpen. Die senkrecht abfallenden Felstürme sind eine Einladung und für mutige Schwimmer das i-Tüpfelchen auf dem Badegenuss. Springen Sie?

Westl. von Solenzara | Einen guten Zugang zum Fluss mit großem Parkplatz finden Sie etwa 10 km landeinwärts von Solenzara direkt hinter der Flussbrücke

NEU ENTDECKT
Worüber man spricht

Korsika befindet sich stetig im Wandel, Sehenswürdigkeiten werden eingeweiht, Attraktionen eröffnen, die Insel verändert ihr Gesicht, durch neue Museen, Restaurants und Geschäfte erlangen ganze Landstriche neue Attraktivität. Hier erfahren Sie alles über die jüngsten Entwicklungen – damit Sie keinen dieser aktuell angesagten Orte verpassen.

◀ Die markante Felsformation Lion de Roccapina regt die Fantasie an.

SEHENSWERTES

La Casa di Roccapina C 11

Thema der Ausstellung ist das geologische Phänomen des Tafoni, das Steinformationen wie den Löwen von Roccapina hervorbringt. Im Außengelände führen Pfade zu einem Oriu – einer bewohnten Tafonihöhle – und zu einem schönen Aussichtspunkt.

Col de Roccapina | Mai–Okt. 10–18 Uhr | Eintritt 2 €

Parc Galea E 5

In mehreren Pavillons, verteilt in einer 9 ha großen, mit Land Art geschmückten Parkanlage, informiert seit 2012 der Parc Galea mit kurzen Filmen, einer beachtlichen Sammlung alter Fotografien und mit Schaubildern über Geschichte, Fauna und Flora, Geologie, Musik und Kunsthandwerk auf Korsika.

Taglio Isolaccio | Route de l'ex CNRO | www.parcgalea.com | 15. Mai–15. Juni tgl. 14–18, bis 15. Sept. tgl. 10 –19 Uhr | Eintritt 8 €, Kinder 4 €

ESSEN UND TRINKEN

A Moresca B 4

Ein Sommernachtstraum. Von den kleinen Terrassen des A Moresca hat man denselben genialen Ausblick wie vom Café A Casarella (▶ S. 14) gleich nebenan, und der Blick auf den Sonnenuntergang verzaubert nicht nur romantische Seelen. Die Speisekarte bietet einfache, gut zubereitete Gerichte aus besten lokalen Zutaten.

Village de Pigna | Tel. 04 95 55 64 53 | April–Sept. tgl. 11–15, 18–22 Uhr

L'Auberge du pêcheur D 3

Im gemütlichen Innenhof der Poissonerie St-Christophe kommt unter Palmen der Fang des Tages frisch auf den Teller. Die Auberge hat sich schnell einen Namen gemacht, wer ein gutes Fischlokal sucht, ist hier an der richtigen Adresse. Das Restaurant liegt an der Ausfahrtstraße nach Patrimonio. Reservierung unbedingt empfohlen.

St-Florent | Route de Bastia | Tel. 06 24 36 30 42 | www.aubergedu pecheur.com | Mo–Fr 10–14, 16–22, Fr, Sa 10–22 Uhr

L'Aroma Café E 5

Entspannen auf dem Gelände der Essences Naturelles Corses in der Nähe von Moriani. Es stehen nur wenige Tische in der Hütte im grünen Garten

des Hofgutes, aber Kuchen und hausgemachter Eistee sind vorzüglich.

San Nicolao | Lieu Dit Bordeo | Tel. 04 95 38 46 04 | Juni–Sept. Mo–Sa 10–12.30 und 15–19, Okt.–Mai Mo–Fr 10–12 und 14–17 Uhr

Le Potager du Nebbio E 3

Grüne Idylle mit exzellenter Biokost. Ein üppig beladener Gemüsestand empfängt den Gast im Hinterland von St-Florent auf dem Biobauernhof der Familie Verdeau. Bunte Tische unter schattenspendenden Bäumen, geschmückt mit kleinen Laternen, sorgen für ein angenehmes Ambiente. Jeden Abend ab 17 Uhr kann man hier das frisch geerntete Gemüse vom Hof erstehen. Oder noch besser: Sie melden sich morgens telefonisch zum Essen an, nehmen an einem der einladenden Tische Platz und wählen aus den angebotenen Tagesgerichten. Alles wird aus besten Zutaten frisch zubereitet. Oletta | Route de San Griolo (Zufahrt von der D 82 ausgeschildert, das letzte Stück fährt man auf einem geschotterten Weg) | Tel. 06 17 17 45 53 | tgl. ab 17 Uhr

EINKAUFEN

L'Eau de Couvent de San Francescu ⚓ E 3

Das Eau de Parfum aus den Düften des Klostergartens von San Francescu in Oletta ist ein Werk der Künstlerin Candida Romero. Verliebt in das alte Kloster, begann sie vor Jahren mit seiner Sanierung, um es zu einer Location für Feste, Veranstaltungen und Filme zu machen. Ein Teil des Verkaufserlöses des Eau de Parfum fließt in die Restaurierung des alten Gebäudes. Die Produkte werden in Apotheken und Läden für Naturkosmetik angeboten. Oletta, Couvent de San Francescu | www.eaudecouvent.com und www. sanfrancescu.com

AKTIVITÄTEN

An Bord der Alpana ⚓ B 6

Der junge Korse François-René, geboren und aufgewachsen in Piana,

kennt und liebt die Küste um Porto. Mit dem gut motorisierten Motorboot Alpana (Fischadler) bringt er seine Gäste in abgelegene Buchten des Naturschutzgebietes von Scandola. Er ist nicht nur ein erfahrener Kapitän, sondern auch ein kompetenter Reise-

führer, von dem Sie viel über das Schutzgebiet von Scandola erfahren werden. Wer will, kann bei François-René auch Angelfahrten buchen. Buchung in der Boutique Baobab, Porto: Tel. 06 69 69 04 05 | www.excursionspeche-corse.fr | Halbtagestour Calanches de Piana und Scandola 55 €, Scandola (2,5 Std.) 42 €, Calanches de Piana (1,5 Std.) 26 €

Balades aquatiques

Wasserwanderungen – Balades aquatiques – sind eine einfachere Version des Canyonings, die auch sicherheitsbewussten Naturen den Zugang zu tollen Schluchten ermöglichen. Der spielerische Aspekt steht bei einer Flusswanderung im Vordergrund. Es gibt zwar auch kurze Rutschen durch Wasserfälle und kleine Sprünge, aber alles bleibt mäßig aufregend. Schwierige Stellen können umgangen werden, und der Genuss steht im Vordergrund. Die unkomplizierte Wasserwanderung durch den Fango (▶ S. 52) können Sie ohne Begleitung wagen. Eine Balade aquatique hat Alpha Corse im abgelegenen Dorf Chisa im Programm. Die von Objectiv Nature aus Bastia angebotene Wasserwanderung am Cap Corse mit einem dreistündigen Abstieg durch den Fluss erfordert schon etwas Kondition.

– Alpha Corse: Chisa (22 km nordwestl. von Solenzara) | Tel. 06 17 10 61 15 | www.alpa-corse.com | Preis 45 € ⚑ E 8
– Objectiv Nature: Bastia | 3, Rue ND de Lourdes | Tel. 04 95 32 54 34 | www. objectif-nature-corse.com | Preis 40–50 € ⚑ E 3

In Terra Corsa und die Ascosa Eco Lodge ⚑ D 5

Einer der erfahrensten Outdoor-Anbieter der Insel ist das Team von In Terra Corsa (www.interracorsa.com). Seit 2011 bietet der Veranstalter mit der Ascosa Eco Lodge an der Zentrale in Ponte Leccia auch Zimmer an. Zwar steht das kantige Haus direkt an der Durchgangsstraße. Wer aber den Eingangsraum durchquert, den erwartet ein schönes Café und dahinter die Lodge. Zum freundlich grünen Hinterhof öffnen sich sieben helle Zimmer. Die Einrichtung ist geschmackvoll modern, nur das offene Bad in den Zimmern ist etwas gewöhnungsbedürftig. Frühstück mit regionalen und biologischen Produkten. Optimal ist die Lodge für sportliche Urlaubstage: Es gibt zum Zimmer günstige Erlebnis-Pakete. Canyoning, Rafting, Hochseilgarten, Klettersteig oder eine Kajaktour – im Programm von In Terra Corsa ist die Auswahl groß.

Ponte Leccia | Lieu Dit Baccario, Route de Calvi, BP39 | Tel. 04 95 47 69 48 | www.ascosa.net | €€

⚑ Weitere Neuentdeckungen sind durch dieses Symbol gekennzeichnet.

Ein üppiger Gemüsestand empfängt den Gast auf dem Biobauernhof Le Potager du Nebbio (▶ S. 17, 33) der am Abend Selbstgemachtes serviert.

Schönes Altstadtflair bieten die Restaurants der Hafenstadt Bonifacio (▶ S. 91).

KORSIKA ERLEBEN

ÜBERNACHTEN

Private Chambres d'hôtes, gepflegte Landhäuser und Berghütten statt Bettenburgen. Auf Korsika ist das Angebot an Übernachtungsmöglichkeiten auf Individualreisende zugeschnitten und überrascht mit Idylle und Stil.

Die Ferienanlagen auf Korsika sind überschaubar in der Größe und verschwinden unauffällig in der Küstenvegetation. Hässliche Hotelburgen, wie sie andernorts die Mittelmeerküste verschandeln, gibt es hier nicht. Apartmentanlagen befinden sich nur an der Küste. Adressen finden Sie im Internet, aber auch bei Anbietern wie Interchalet oder dem Korsikaspezialisten Rhomberg Reisen. Wer eine Ferienwohnung oder ein Haus im Hinterland sucht, sollte auch bei Gîtes de France auf Suche gehen, die seit Jahren einen guten Qualitätsstandard bei Privatunterkünften garantieren. (www.gites-de-france.com)

Hotels, viele davon in gehobener Preis- und Komfortklasse, gibt es in allen Regionen der Insel. Wie überall in Frankreich ist das Frühstück bei einer Hotelübernachtung nicht inklusive und wird mit einem durchschnittlichen Preis zwischen 8 € und 12 € pro Person berechnet. Ein gän-

◀ Das Leben genießen in den Steinhäusern
der Domaine de Murtoli (▶ S. 24).

giges französisches Hotelfrühstück besteht aus Baguette und Marmelade
sowie feinen Backwaren (»viennoiseries«) wie z. B. Pain au Chocolat oder
Croissant. Wurst und Käse sind nicht üblich. Hotels mit Restaurant bieten meist auch Halbpension an.

DIE PERSÖNLICHE ALTERNATIVE ZUM HOTEL

Chambres d'hôtes sind die französischen Art des Bed & Breakfast. Auf
Korsika befinden sie sich meist in den Bergen und haben nur wenige
Zimmer. Ihre Gastgeber sind Privatleute, den Service eines Hotels bieten
diese Unterkünfte nicht – dafür erwartet Sie meist eine nette persönliche
Atmosphäre. Das Frühstück ist immer inklusive und wird oft an einem
gemeinsamen Tisch eingenommen, sodass man mit anderen Reisenden
ist Gespräch kommt. Einige Gastgeber bieten unter dem Begriff »Table
d'hôte« auch abends ein Essen an. Anders als in einem Restaurant hat
man hier keine oder nur eine sehr eingeschränkte Auswahl. Zum Pauschalpreis kommt ein mehrgängiges Menü für alle auf den Tisch. Auch
Getränke sind meist inbegriffen. Eine gute Table d'hôte ist der perfekte
Ort, um die typisch korsische Küche kennenzulernen.
An den Weitwanderwegen und in den Bergen bieten **Hütten und Gîtes
d'étape** preiswerte Unterkünfte für Wanderer. Eine Gîte kann über Doppelzimmer verfügen, bietet aber außerdem auch Plätze in Mehrbettzim-
mern an. In allen Regionen der Insel vom Meer bis in die Berge vervoll-
ständigen Campingplätze das Angebot an Unterkünften.

IM JULI UND AUGUST IST HOCHSAISON

Typisch für Korsika ist ein ungewöhnlich drastisches Preisgefälle zwischen Haupt- und Nebensaison. Für ein und dieselbe Unterkunft zahlen
Sie im August leicht doppelt so viel wie im Mai oder Oktober. Die Saison
auf der Insel ist kurz: Der reine Badetourismus beginnt erst im Juni und
endet meist schon im September. Wenn Sie eine konkrete Unterkunft im
Blick haben, sollten Sie trotzdem auch in der Vorsaison rechtzeitig reservieren. Im Juli und August laufen Sie ohne Reservierung sogar ernsthaft
Gefahr, auf der Straße zu stehen. Begehrt sind neben Ferienhäusern und
Hotels auch die besonderen Unterkünfte auf **Campingplätzen**. Dort werden feste Unterkünfte in Form von komfortablen Wohnwagen oder rustikalen Blockhütten vermietet.

BESONDERE EMPFEHLUNGEN

Casa Musicale ♥♫ B 4

Si manghja, si dorme è si cantà – Die Casa Musicale ist eine Herberge mit Tradition. Seit 1985 kann man hier essen, schlafen und – vor allem, wenn Anfang Juli das Musikfest Estivoce das Dorf mit Klängen füllt – auch singen. Wenn Sie also rustikalen Charme und ein Stück authentisches Korsika einem gut klimatisierten Hotelzimmer vorziehen, sind Sie hier genau richtig. Neun einfache Zimmer bieten die Möglichkeit, in einem der schönsten Bergdörfer der Balagne aufzuwachen. Auch das zugehörige Restaurant ist empfehlenswert. Gekocht wird mit lokalen Produkten. Die Tische stehen auf der Terrasse im urigen Innenhof mit Blick auf das schimmernde Meer. Pigna | Fondu di u paese | Tel. 04 95 61 77 31 | www.casa-musicale.org | 9 Zimmer | €€

Domaine de Murtoli ♥♫ C 11

Ein Paradies auf Erden – In der Einsamkeit der Südspitze bei Roccapina stehen verteilt auf dem Gelände der bewirtschafteten Domaine 16 geschmackvoll eingerichtete Steinhäuser für zwei bis zwölf Personen mit eigenem Pool oder Strandzugang. Ein Restaurant am Meer, ein weiteres in einer Grotte, dazu ein Spa am Strand. Die Domaine Murtoli erfüllt exklusivste Träume: Wenn Sie möchten, können Sie hier für einen vierwöchigen Sommerurlaub ein gutes Jahresgehalt anlegen. Wenn Sie aber die kleine Bergerie für zwei dem Zwölf-Personen-Domizil am Strand vorziehen und sich in der Nebensaison auf den Weg machen, rückt das Traumhaus in den Bereich des Möglichen.

Murtoli | Tel. 04 95 71 69 24 | www.murtoli.com | 16 Häuser | €€€€

Hotel Castel Brando ♥♫ E 2

Komfort mit Stil – Der schöne Innenhof des Vier-Sterne-Hotels mit Tischen unter Palmen verführt zum Bleiben. Ein kleiner, eingewachsener Pool im Garten und nur wenige Schritte über die Straße zu den malerischen Gassen von Erbalunga sorgen für das richtige Urlaubsgefühl. Die Zimmer im stilsicher restaurierten Herrenhaus aus dem 19. Jh. sind hell und freundlich im mediterranen Stil möbliert und komfortabel ausgestattet. Hauseigener Spa mit Hamam und Jacuzzi. Erbalunga | Tel. 04 95 30 10 30 | www.castelbrando.com | 43 Zimmer | €€€

Hotel Les Roches Rouges ♥♫ C 4

Der Charme des Vergangenen – Erbaut 1912 hinter den letzten Häusern des zauberhaften Dorfes Piana, besticht das Hotel durch Patina und einen Hauch morbider Zeitlosigkeit. Die einfachen Zimmer sind geräumig und mit antikem Mobiliar ausgestattet. Die Räume auf der Meerseite und die Terrasse des Restaurants bieten einen atemberaubenden Blick über die Steilküste des Golfes von Porto. Im Haus befindet sich ein ausgezeichnetes Restaurant der gehobenen Preisklasse. Halbpension ist möglich. Piana | Tel. 04 95 27 81 76 | www.lesrochesrouges.com | 30 Zimmer | €€€

Les Jardins de Mathieu ♥♫ E 11

Zentral gelegene Idylle – Vier Steinhäuser mit schattigen Terrassen sind geschickt eingepasst in schöne Nischen zwischen alten Olivenbäumen und beherbergen jeweils ein großes helles Zimmer. Die Innenräume sind modern zurückhaltend mit klaren Linien und kräftigen Farben gestaltet. Großer grüner Garten. Üppiges, sehr gutes Frühstück am gemeinsamen Tisch und schöne Poolanlage. Nur 6 km nach Porto-Vecchio zu den schönsten Stränden der Insel und trotzdem ein bisschen am Ende der Welt.

Porto-Vecchio | Pascialella de Muratello | Tel. 04 95 26 78 41 | www.les jardinsdemathieu.net | 4 Häuser | €€€

Maison Borghetti   🚩 E 5
Dorfidylle in der Castagniccia – Die Maison Borghetti fügt sich perfekt ins Dorfbild von Talasani, wo Katzen auf den Gassen schlummern und alte Steinhäuser die Straße säumen. Ein Engländer und ein Belgier haben in liebevoller Detailarbeit in dem Haus aus dem 18. Jh. ein kleines Paradies gezaubert und teilen es mit ihren Gästen. Ein herzlicher Empfang auf Französisch, Deutsch oder Englisch gehört selbstverständlich dazu – genauso wie Tipps für Wanderungen und ein köstliches Frühstück. Viermal in der Woche können Hausgäste gemeinsam essen. Patrick ist ausgebildeter Koch – was er auf den Tisch bringt, lohnt unbedingt die zeitige abendliche Rückkehr.

Talasani Village | Tel. 04 95 38 50 87 | www.maisonborghetti.com | 3 Zimmer | €€

Weitere empfehlenswerte Adressen finden Sie im Kapitel **KORSIKA ERKUNDEN**.

Preise für ein Doppelzimmer mit Frühstück:

€€€€	ab 180 €	€€€	ab 120 €
€€	ab 60 €	€	bis 60 €

Britischer Country Style trifft auf französische Herzlichkeit: Die Maison Borghetti (▶ S. 25) in Talasani ist ein kleines Paradies.

ESSEN UND TRINKEN

*Frische Zutaten, unverfälschte Rezepte und eine Gastronomie,
die ihre Traditionen mit Leidenschaft lebt. Es ist der Reiz
des Einfachen, der die korsische Küche zu einem Genuss macht.
Und das schmeckt unvergleichlich gut.*

Obwohl Korsika zu Frankreich gehört, unterscheidet sich die korsische Küche deutlich von der französisch-mediterranen. Die Korsen waren ursprünglich Hirten und Jäger. Basis ihrer Küche sind Schafs- und Ziegenkäse, Olivenöl, die Kräuter der Macchia, das Fleisch der frei lebenden Schweine, Schafe und Ziegen sowie Feigen, Nüsse, Honig und Kastanien. Sollte dabei auch einmal Fisch auf den Tisch kommen, handelt es sich wahrscheinlich um eine frische Bergforelle. Meeresfrüchte werden vor allem in den Restaurants an der Küste zubereitet, wo französische und italienische Einflüsse eine große Rolle spielen. Aber auch in der Gastronomie am Meer haben korsische Gerichte ihren Platz erobert. **Restaurants** haben mittags von 12 bis ca. 14.30 und wieder ab 19 Uhr geöffnet. Und auch wenn nach einem langen Tag voller Erlebnisse der Magen knurrt: Vor 20 Uhr begibt sich kein Korse zu Tisch.

◄ Aus Milch und Molke entsteht in liebevoller Handarbeit der Brocciu (▶ S. 27).

Eine besonders wichtige Rolle in der korsischen Küche spielt der **Brocciu**. »Brutsch« heißt es auf Korsisch, »brutschiju« sagen die Franzosen. Beide meinen den aus einer Mischung aus Molke und Milch hergestellten Frischkäse, der so nur auf Korsika produziert wird. Milch von Schaf oder Ziege gibt es erst im Herbst, wenn die ersten Jungtiere geboren werden. Da Brocciu frisch innerhalb von zwei bis drei Tagen nach der Herstellung gegessen wird, bekommt man ihn nur vom Herbst bis zum Frühsommer. Man isst ihn als Dessert oder verarbeitet ihn zu »fiadone«, einem flachen Käsekuchen ohne Boden. In salziger Form dient er als Füllung von Canneloni oder Ravioli. Eine beliebte Vorspeise ist ein »omelette au brocciu«. Auch die süßen Krapfen mit dem Namen »beignets au brocciu« sollten Sie unbedingt probieren. Im Sommer ersetzt der ähnlich aussehende »brousse« das wichtige Basisprodukt der korsischen Küche. Der Geschmack ist jedoch nicht vergleichbar.

DAS MENÜ: VOM HORS D'ŒUVRE ZUM DESSERT

Ein gutes Preis-Leistungs-Verhältnis und dazu die Chance zum genussvollen Probieren bietet Ihnen ein **Menü**. Für einen Pauschalpreis können Sie bei jedem Gang zwischen zwei bis vier Gerichten wählen. Die Portionen sind etwas kleiner als beim gleichen Gericht à la carte. Mittags gibt es manchmal eine »formule petite« mit zwei Gängen, bei der Sie die Wahl zwischen Vorspeise oder Dessert haben. Für Franzosen ist ein Menü eher die sparsame Variante des Restaurantbesuches, da üblicherweise auch à la carte mehrere Gänge verspeist werden. Gastronomisch anspruchsvolle Restaurants bieten daher oft keine Menüs an.

Beginnen wir das Menü bei der **Vorspeise**: Ebenso beliebt wie das bereits erwähnte Omelett ist »charcuterie corse« mit »coppa«, »lonzu« und »prisuttu« sowie der Schweinesalami »saucisse corse«. Nicht ganz so häufig angeboten werden »beignets«, Teigbällchen gefüllt mit Käse oder Zucchini, und die gehaltvolle »suppa corsa«, die der Minestrone ähnelt. Typische **Hauptspeisen** sind Canneloni oder Ravioli mit Fleisch von Kalb, Lamm, Schwein oder Wildschwein gewürzt mit Kräutern der Macchia. Als Beilage gibt es gerne Tagliatelle, seltener wird »pulenta«, ein Brei aus Kastanienmehl, angeboten. Auch verschiedene Formen der Lasagne – zum Beispiel mit Wildschwein – sind sehr beliebt. Eine regionale Spezialität sind die »aubergines à la bonifacienne«.

Der Hauptspeise folgt der **Käse**. Neben dem festen »tomme corse« bekommt man einen relativ frischen, leicht bröckeligen Schaf- oder Ziegenkäse, der mit Feigenmarmelade köstlich schmeckt. Das **Dessert** wird dann zur Sternstunde der Kastanie: »gateau de chataigne«, »mousse à la chataigne«, »moelleux à la chataigne» und der Brocciukuchen »fiadone« sind klassisch korsisch. Aber auch französische und italienische Klassiker wie Mousse au chocolat, Tiramisù oder Panna cotta sind beliebt.

IMMER GUT: KORSISCHER WEIN UND LIKÖR

Zu einem guten korsischen Essen gehört auch ein korsischer **Wein**. Viele Restaurants bieten zu einem sehr attraktiven Preis einen offenen Hauswein. Wer es spezieller mag, wählt von der Weinkarte. Bestellt man dazu eine »caraffe d'eau«, wird Leitungswasser im Krug serviert. Sollten Sie Sprudelwasser vorziehen, probieren Sie das korsische Orezza aus der Castagniccia mit gutem Geschmack und natürlicher Kohlensäure. Auch für **Biertrinker** gibt es eine landestypische Spezialität: Das beliebte La Pietra wird mit Kastanienmehl gebraut. Der typische **Aperitif** ist neben dem französischen Klassiker Pastis der »Cap Corse« und Myrten- oder Kastanienliköre. Als **Digestif** räumt nach dem Essen ein »eau de vie« mit Kräutern aus der Macchia den Magen auf.

BESONDERE EMPFEHLUNGEN

La Bellavista 🚩 D 1
Pêche du Patron – Auf der schön gelegenen Terrasse über dem urigen kleinen Hafen von Centuri kommt der frische Fang des Tages auf den Tisch. Ob Langusten, Hummer oder Dorade: Hier stimmen Qualität und Preis, und Bella Vista gibt es noch dazu.
Centuri | Am Hafen | Tel. 04 95 35 62 60 | €€

La ferme Campo di Monte 🚩 D 4
Bio mit Ausblick – Auf dem Biobauernhof in grandioser Lage über dem Ort Murato wird zwischen Mitte Juni und Mitte September jeden Abend ein ausgezeichnetes korsisches Menü serviert. Wer in den liebevoll eingerichteten Speisezimmern der Auberge dinieren möchte, muss vorher reservieren und sollte sich auf eine etwas aufregende Anfahrt einstellen. Menü für 50 € inklusive Wein.
Murato | Tel. 04 95 37 64 39 | www.fermecampodimonte.com | €€€

Le Frère 🚩 C 10
Mitten im Grünen – Alle Produkte sind sorgfältig ausgewählt und stammen aus biologischem Anbau in der Region. Die besondere Spezialität des Hauses ist das Fleisch der frei lebenden Kühe der Domaine. Freundlicher und sehr aufmerksamer Service.
Casalabriva | Domaine Kiesale | Pont de Calzola | Tel. 04 95 24 36 30 | www.restaurantlefrere.com | €€€

Le Tire Bouchon B 4

Prämierte Küche – Wenige Tische stehen auf einer Holzempore an der Straße, weitere im gemütlichen Innenraum. Serviert werden korsische Spezialitäten wie zum Beispiel »lasagne au sanglier« mit Ragout vom Wildschwein. Große Auswahl korsischer Weine. Ausgezeichnet von Gault Millau, in der Saison unbedingt reservieren.
Calvi | 15 Rue Clemenceau | Tel. 04 95 38 21 87 | €€€

Mata Hari B 4

Edel in genialer Lage – In Alleinlage direkt am Strand mit direktem Blick auf die Zitadelle von Calvi. Besonders stimmungsvoll sitzt man hier am Abend. »Menu de découverte« mit den Richtungen Fisch, korsische Spezialitäten oder Asia (Thai und Indisch).

Calvi | Ondari Soprane | Lumio | Tel. 04 95 60 78 47 | www.lematahari.com | €€€€

U Campanile D 6

Traditionell korsisch – Das kleine Lokal liegt verborgen neben der Kirche von Corte am schönsten Platz der Altstadt, der stimmungsvollen Place Gaffori. Ungewöhnliche korsische Spezialitäten wie zum Beispiel »lasagne à la chataigne« und ausgezeichnete Desserts. Sympathisches Team.
Corte | Place de l'église | Tel. 06 25 78 12 49 | €€

Weitere empfehlenswerte Adressen finden Sie im Kapitel **KORSIKA ERKUNDEN**.
Preise für ein dreigängiges Menü:

€€€€	ab 45 €	€€€	ab 30 €
€€	ab 15 €	€	bis 15 €

Die Lage über dem Ort Murato ist so grandios wie die Bewirtung: Der Biohof Campo di Monte (▶ S. 28) bietet hervorragende Menüs an.

Im Fokus
Der goldene Saft der Kastanie

*Traditionell ist Korsika ein Land des Weines.
Bier gab es nicht auf der Insel – bis Armelle und Dominique
Sialelli im Jahr 1992 eine Idee hatten.
Und aus Kastanienmehl das köstliche »La Pietra« brauten.*

Der Funke, der den Erfolgskurs begründete, sprang beim Ehepaar Sialelli während eines Konzerts der Gruppe I Muvrini. Zur korsischen Musik hätten sie gerne ein korsisches Bier, äußerten die beiden Gäste vom Festland an der Theke. Dumm nur, dass es das gar nicht gab.
Auf der Suche nach einem Projekt, das ihnen die Rückkehr nach Korsika erlauben würde – Dominique Sialelli stammt aus dem Dorf Pietraserena –, war das die zündende Idee. Nicht nur ein auf Korsika gebrautes Bier sollte es sein, sondern ein Bier mit dem Aroma der geliebten Insel. Mehrere Jahre testete und entwickelte das Paar, bis 1996 in Furiani bei Bastia mit der Brasserie Pietra die erste Brauerei Korsikas ihre Tore öffnete.

LA PIETRA – BIÈRE À LA CHATAIGNE

»Brotbaum« oder gar »Baum des Lebens« nennt man auf Korsika die Esskastanie auch heute noch. Maronen als Basis der Ernährung haben auf der Insel eine lange Tradition. Die Eigenschaften der gemahlenen Kasta-

◄ Maronen sind köstlich als Küchenzutat,
aber auch als Grundlage der Bierbrauerei.

nien bei der Fermentierung erwiesen sich als optimal: Das dunkle Mehl verleiht dem Bier eine satte Farbe, üppigen Schaum und einen kräftigen Geschmack. So war es bald entschieden: Die Kastanie würde dem neuen Bier die besondere korsische Note geben.

Das Mehl für »La Pietra« kommt aus der Castagniccia und sorgt damit für Arbeit in einer der strukturschwächsten Regionen Korsikas. Die Verarbeitung von Kastanien ist aufwändig: Sie werden auch heute noch von Hand gesammelt, von der stacheligen Hülle befreit und über einem Feuer aus Kastanienholz getrocknet. Nur einwandfreie Früchte werden zu Mehl zermahlen. In der Brauerei wird es mit frischem korsischen Quellwasser und Malz zur Maische vermengt. In einem langwierigen Verfahren wird erhitzt, gekocht und Hopfen zugesetzt, dann muss die Flüssigkeit gären. Am Ende der Fermentierung, die insgesamt drei Wochen dauert, wird das Bier gefiltert, bis es seine klare goldgelbe Farbe erhält. Anschließend wird das fertige Bier ohne Luftkontakt, der es verderben würde, in handliche Portionen verpackt.

NEUERDINGS AUCH ALKOHOLFREI

Heute wandert das »La Pietra« in schlanken, zierlichen 25-Centiliter-Flaschen über wirklich jede Theke der Insel. Zum Klassiker »Pietra ambrée« hat sich ein helles »Pietra bionda« und das naturtrübe »Colomba« mit Aromen der Macchia gesellt. An Weihnachten gibt es die dunkle Sonderedition »Pietra di noël« mit höherem Alkoholgehalt, und das »Serena« schließlich ist ein korsisches Bier ohne Zusatz von Kastanie. Fast schon ein Gag und ein originelles Mitbringsel sind 75-Centiliter-Flaschen des Biers, die in jedem Supermarkt stehen. Mit gut verschnürtem Korken erinnert das edle Produkt an Prosecco und Champagner. Doch hinter dem luxuriösen Design befindet sich ganz einfach das vertraute leckere »La Pietra«.

Auf Korsika ist das Getränk Kult, gleichermaßen bei Einheimischen und Touristen. Export nach Norditalien, England und auf das französische Festland, eine Medaille im World Beer Championship in den USA für das Weißbier »Colomba« – erfolgreicher könnte das Konzept des Ehepaares Sialelli kaum sein. Sie reinvestieren in den Umweltschutz und entwickeln neue Ideen: »Corsicacola« und »Limunata« heißen die ersten alkoholfreien Produkte der Brasserie Pietra (www.brasseriepietra.com).

Grüner reisen
Urlaub nachhaltig genießen

Wer zu Hause umweltbewusst lebt, möchte vielleicht auch im Urlaub Menschen unterstützen, denen ein verantwortungsvoller Umgang mit der Natur am Herzen liegt. Empfehlenswerte Projekte, mit denen Sie sich und der Umwelt einen Gefallen tun können, finden Sie hier.

Auf Korsika ist Platz für Individualisten. Sie sind willkommen bei einer Bevölkerung, die ihre Freiheit und Eigenständigkeit liebt. Und die in den vergangenen Jahren manches getan hat, um der heimischen Kultur, den kleinen Dörfern und den Traditionen ihrer Großväter neues Leben einzuhauchen. Schritt für Schritt erobern alte Techniken und traditionelles Handwerk ihren Platz in der modernen Welt zurück. Auch Berufe wie Hirte und Landwirt, die zwar ein mühsames, aber dafür selbstbestimmtes Leben versprechen, finden durchaus noch Anhänger unter jungen Korsen. Man entdeckt die besondere Atraktivität der eigenen Produkte, die auf dem industriellen Massenmarkt dem Preiskampf nicht gewachsen sind, aber auch eine völlig andere Qualität bieten. Schweine und Kühe, die in Freiheit leben und nicht wissen, wie Industriefutter schmeckt, liefern hervorragendes Fleisch. Auch sonst findet die biologische Landwirtschaft auf Anbaugebieten, die sich noch nie für Massenproduktion, Monokulturen und riesige Felder geeignet haben, zunehmend Anhänger.

Olivenhaine werden wieder bewirtschaftet, und auch die ersten Kastanienhaine finden neue Betreuer. Initiativen, wie die 1964 gegründete Corsicada, bemühen sich um alte Handwerkskünste wie Korbflechten, Weben oder die Töpferei. Die Werkstätten befinden sich meist in abgelegenen Bergdörfern, öffnen oft ihre Türen für Besucher und sind damit attraktive Ziele in Dörfern, die sonst wenig Anteil am Tourismus haben. Aber auch in den Küstenstädten sind die handgefertigten Produkte und Lebensmittel erhältlich: Die überall präsenten Läden mit »Produits Corses« werden gut besucht, und auch viele Restaurants verarbeiten die hochwertigen Inselprodukte.

Fast das komplette Bergland in der Inselmitte – insgesamt über ein Drittel der Fläche Korsikas – steht unter Naturschutz. Die Ranger des Parc Naturel betreuen die Weitwanderwege, sorgen sich um den Schutz der Wälder vor Feuer und halten Hütten und Bergerien instand. Der Wandertourismus braucht außerdem Unterkünfte abseits vom Meer und bringt damit neues Leben in die von der Abwanderung bedrohten Dörfer in den Bergen. Wandern ist also sanfter Tourismus pur. Wanderunterkünfte sind meist in privater Hand. Hier treffen Sie nicht nur auf gleichgesinnte Wanderer, sondern kommen auch in Kontakt mit Einheimischen. Besonders der Weitwanderweg »Tra Mare e Monti«, der von Dorf zu Dorf durch die abgelegensten Regionen der Westküste führt, bringt Sie in Kontakt mit Land und Leuten.

ESSEN & TRINKEN

Le Potager du Nebbio 👫 🚩 🍃 E3

Ein üppig beladener Gemüsestand empfängt den Gast im Hinterland von St-Florent auf dem Biobauernhof der Familie Verdeau. Bunte Tische unter Bäumen, geschmückt mit kleinen Laternen, sorgen für ein angenehmes Ambiente. Jeden Abend ab 17 Uhr können Besucher hier das frisch geerntete Gemüse des Biohofes erstehen oder noch besser: Sie melden sich morgens telefonisch zum Essen an, nehmen an einem der einladenden Tische Platz und wählen aus den angebotenen Tagesgerichten. Alles wird aus besten Zutaten frisch zubereitet.

Oletta | Route de San Griolo | Zufahrt von der D 82 ausgeschildert, den letzten Kilometer fährt man auf einem guten geschotterten Weg | Tel. 06 17 17 45 53 | tgl. ab 17 Uhr

Restaurant Le Frère 🍃 C 10

Die Comtes d'Abbatucci sind eine der ältesten Familien Korsikas. Die drei Brüder der heutigen Generation engagieren sich in der biologischen Landwirtschaft der Domaine nördlich von Filitosa. Jacques Abbatucci züchtet die alte korsische Rasse der Vache de tigre, die sich durch ein besonders zartes Fleisch auszeichnet. Die Kühe leben frei in der Macchia der Domaine. Ihren

Namen, der Tigerkuh bedeutet, verdanken sie übrigens nicht ihrem heftigen Temperament, sondern der dezenten Tigerzeichnung ihres Felles. Der zweite Bruder Jean Charles führt die Domaine. Seine Weine sind biozertifiziert, tragen das A.O.C.-Siegel und gehören zu den besten der Insel. Henri, der dritte im Bunde, bringt die Produkte der Domaine auf den Tisch. Sein Restaurant Le Frère gilt ebenfalls als eine der besten Adressen Korsikas. Trotzdem wirkt das Lokal eher gemütlich als nobel. Nach der Zufahrt auf einer schmalen Straße trifft man auf ein einfaches Steinhaus inmitten von Wald, Wiesen und Macchia. Sie werden gastfreundlich empfangen: Die Holztische auf der Terrasse sind schön gedeckt, und der Patron erklärt persönlich die Speisekarte auf der schwarzen Schiefertafel, die zur Auswahl an jeden Tisch getragen wird. Von »sauté de veau à la chataigne« oder »à la mode corse« mit Oliven bis zum Steak reicht die Auswahl der Hauptgerichte. Sehr empfehlenswert sind auch die Zucchinibeignets zur Vorspeise und die wechselnde Auswahl an Desserts.

Domaine Kiesale | Pont de Calzola (zwischen Pila Canale und Sollacaro) | Tel. 04 95 24 36 30 | www.restaurant lefrere.com | Mitte April–Sept. tgl.

EINKAUFEN

Reisen auf der »Route des Sens Authentiques«

Familiäre Agrar- und Handwerksbetriebe finden sich in vielen Regionen Korsikas. Sie produzieren nach alten Rezepten und mit traditionellen Methoden und verarbeiten, was die Insel zu bieten hat: Kastanien, Ziegen- und Schafsmilch, Wolle, das Fleisch der halbwild lebenden Schweine, Oliven, Obst und Gemüse und die duftenden Essenzen der Macchia. Die alten Handwerkskünste erleben auf der Insel eine Renaissance, und die meisten Kleinbetriebe produzieren biologisch.

Die »Route des Sens Authentiques« ist eine Initiative der örtlichen Landwirtschaftsbehörde. Sie soll kleine Produzenten und interessierte Käufer zusammenbringen. Blaue Schilder an den Hauptstraßen markieren die zugehörigen Betriebe und sind gleichzeitig ein Siegel für Qualität. Eine Broschüre, die Sie in den Touristinformationen erhalten, informiert Sie über Adressen.

Wer der Route folgt und das eine oder andere Mitbringsel einkauft, fördert so direkt die regionale Wirtschaft: Bauern und Kunsthandwerker verdienen beim Direktverkauf genug, um in ihrem Dorf von ihrer Arbeit zu leben. Dem Gast öffnen sich im Gegenzug die Türen der Werkstätten, Weingüter und Bauernhöfe. Wenn Sie ein bisschen Französisch sprechen, kommen Sie leicht ins Gespräch und in den Genuss köstlicher Produkte obendrein – so ist allen geholfen.

AKTIVITÄTEN

Fernwanderweg »Tra Mare e Monti«   A/B 5–7

Wer eine Landschaft Schritt für Schritt durchwandert, erlebt sie anders. Intensiver. Ein empfehlenswerter Weg für die Auszeit zu Fuß ist der »Tra Mare e Monti«. Er führt in elf Etappen zwischen Bergen und Meer von Calenzana in der Balagne bis nach Cargèse. Landschaftliche Höhepunkte sind unter anderem das Fangotal, Girolata und die

Spelunca-Schlucht. Bei Galéria, Girolata und Cargèse berührt der Wanderweg das Meer. Die höchsten Streckenabschnitte liegen knapp unter 1200 m, sodass der Weg auch im Frühsommer schneefrei ist. Die Tagesetappen bewegen sich zwischen fünf bis sieben Stunden, die Höhenunterschiede halten sich mit 300 bis 880 m im Rahmen. Übernachtet wird in abgelegenen Dörfern, die meist auch ein Restaurant und einen Laden unterhalten. Proviant brauchen Sie also nur für einen Tag, und der Schlafsack ist überflüssig. Die Übernachtungen sollten Sie allerdings vorbestellen.

Wer die Organisation der Wanderung scheut oder gerne mit leichtem Tagesrucksack laufen möchte, lässt sich von einem Anbieter ein Komplettpaket zusammenstellen: www.a-montagnola.com, www.couleurs-corse.com, www.vallecime.com
Zustieg in Calenzana, Bonifatu, Tuarelli, Galeria, Girolata, Curzu, Serreria, Ota, Evisa, Marignana, E Case und Cargèse | www.mare-e-monti.de/Mem.htm

Abenteuer GR 20 »light«   B 5–E 10

Höhenunterschiede über 1000 m, Etappen mit Gehzeiten über acht Stunden und raue Wege mit kurzen Klettereinlagen – der GR 20 hat es in sich. Eine entspanntere Version können Sie bei Corsica Adventure buchen: Ein erfahrener Guide begleitet eine Gruppe von sechs bis 14 Wanderern. Das Gepäck wird mit Mulis transportiert, und Sie laufen nur mit Tagesrucksack. Am Abend wartet im Zeltcamp das Essen.
Erst ab Mitte Juni sind die Höhenlagen der korsischen Berge sicher schneefrei, begehbar ist der GR 20 dann bis in den Oktober.
Corsica Aventure: Route du Vazzio, Ajaccio | www.corsica-aventure.com | Kosten: 7 Tage Teilstrecke mit Guide, Vollpension und Gepäcktransport auf dem Muli ab 755 € p. P., kompletter GR 20 in 14 Tagen 1585 € p. P.

Mit dem Rucksack geht es über die Zweitausender Korsikas: Der Fernwanderweg GR 20 (▶ S. 35) ist eine hochalpine Tour für Trainierte.

EINKAUFEN

*Die einen schwören auf Macchiahonig als Mitbringsel, andere
auf die wunderbar würzige Schweinesalami. Und auch Souvenirs aus
Olivenholz, aus Muscheln oder Keramik stehen hoch im Kurs. All das
gibt es in jedem größeren Ort oder beim Hersteller direkt vor Ort.*

»Produits corses« steht groß über der Ladentür. Im Inneren reihen sich
Flaschen in den Regalen, hängen Würste und Schinken von der Decke,
und aus der Kühltheke duftet es dezent nach Käse. Wein, Liköre, Konfitüre aus Feigen oder den Früchten der Macchia, Honig, Kastanienkuchen, Olivenöl, Ziegen- und Schafskäse und natürlich die typischen
Schinkenprodukte Coppa und Lonzu fehlen in keinem Spezialitäten-
geschäft. Einen solchen Laden finden Sie in jedem größeren Ort. Selbst in
Supermärkten gibt es immer einen Bereich mit korsischen Produkten.
Läden in den Touristenzentren und auch die großen Supermärkte sind
ganztägig geöffnet. In kleinen Orten müssen Sie mit einer Mittagspause
rechnen. Besonders viel Spaß macht das Einkaufen regionaler Spezialitäten auch auf den Märkten, die in jedem größeren Ort an mehreren
Wochentagen abgehalten werden.

◄ Oliven und getrocknete Tomate eignen
sich auch gut als Mitbringsel für daheim.

Nielluccíu, Sciacarellu und Vermentinu – so heißen die wichtigsten Rebsorten, die traditionell auf der Insel angebaut werden. Der beste **Wein** der Insel kommt aus den Regionen Patrimonio, Cap Corse, Sartène-Figari und Ajaccio. Im großen Anbaugebiet der Pleine Orientale werden eher einfache Tafelweine gekeltert. Außerdem wird am Cap Corse und in Patrimonio ein ausgezeichneter Muscat produziert. Weinkenner sollten direkt in einer Domaine kaufen, wo man auch probieren kann.

Neben **Likören** aus Myrte, Kastanie und der großen Cedrat-Zitrone, bei der nicht das Fruchtfleisch und der Saft, sondern die Schale verarbeitet wird, sind auf Korsika auch Obstweine beliebt. Aus den Früchten des Erdbeerbaumes kocht man **Marmelade**. Arbousier heißt die Frucht auf Französisch. Auch Kastanien und Feigen werden zu **Konfitüre** verkocht. Probieren Sie die Kombination von Feige mit Walnüssen, die gerne zu frischem Ziegenkäse gereicht wird.

Eine ganz besondere Spezialität ist der **Honig** aus der Macchia. Alle Sorten schmecken etwas herber als unser Blütenhonig. Am mildesten sind der Maquis de Printemps (Frühling) und der Maquis d'été (Sommer). Mein Favorit ist der Maquis de Printemps mit leicht herbem karamelligen Aroma. Der Maquis d'automne (Herbst) ist im Nachgeschmack schon leicht bitter und wird gerne in der Küche für Saucen und Marinaden eingesetzt. Außerdem gibt es auch noch den Miel de chataigne, der ebenfalls zu den herberen Honigsorten gehört.

Last but not least: die korsische **Charcuterie**. Bei original korsischen Produkten wird nur das feste, fettarme Fleisch der frei laufenden Schweine verarbeitet. Lonzu ist geräuchertes Filet mit viel Pfeffer. Coppa stammt aus dem Kamm und wird in Salz und Wein eingelegt und geräuchert. Der Prisuttu ist ein roher Schweineschinken, der mit Feigen serviert wird, und die Saucisse corse eine Schweinesalami. Figatellu, eine kräftig gewürzte, grobe Bratwurst, enthält neben Fleisch auch Schweineleber.

EIN BESUCH IN DER BOULANGERIE

Korsische Spezialitäten begegnen Ihnen nicht nur im Restaurant. In einer **Bäckerei** können Sie ein hervorragendes Picknick zusammenstellen. Sehr geeignet sind dazu die Bastelles, gefüllte Teigtaschen mit Brocciu und Spinat, Zwiebeln und Ähnlichem. Ebenfalls probieren sollten Sie Moelleux de chataigne, die im Gegensatz zum manchmal etwas trockenen

Kastanienkuchen saftig und weich sein sollen. Sie sind köstlich! Ergänzt wird das korsische Sortiment durch französische Spezialitäten wie Quiche (salzige Käse- und Gemüsekuchen), Croissant oder Pain au chocolat. Bon appétit! Bäckereien sind übrigens auch am Sonntagvormittag geöffnet.

SOUVENIRS UND MITBRINGSEL

Natürlich kann man auf Korsika nicht nur Essbares kaufen. Ein schönes Mitbringsel oder Andenken sind **Schmuckstücke** aus der Mittelmeermuschel L'œil de Sainte Lucie, dem nur auf Korsika vorkommenden Korsit, einem kugelförmigen Diorit, oder Koralle. Wer handgearbeitete **Keramik** schätzt, findet in den Töpfereien besonders schöne Stücke. Zum netten Einkaufsbummel mit allerlei **Kunsthandwerk** und kleinen Boutiquen sind Sie am besten in Orten wie Île Rousse, Calvi, Ajaccio, Bonifacio, Corte und Porto-Vecchio aufgehoben. Schönen Schmuck finden Sie auch in Erbalunga. Schalen oder Löffel aus Olivenholz und Gegenstände aus **Kork** gehören ebenfalls zum Sortiment. Eine Besonderheit sind die handgefertigten Messer. Es gibt sie sowohl in Form des schmalen spitzen korsischen Stiletts als auch als Klappmesser mit breiter blattförmiger Schneide. Sie werden in speziellen Läden angeboten oder im Direktverkauf in einem Atelier de Coutellerie. Wer korsische **Musik** auf CD mitnehmen möchte, wird am ehesten in den großen Supermärkten fündig. **Düfte** aus der Macchia sind ebenfalls ein unverkennbar korsisches Geschenk. Mehrere Kleinbetriebe destillieren vor Ort und verkaufen an Branchengrößen wie Primavera – aber eben auch direkt ab Hof oder in Naturkosmetikläden der Touristenorte.

BESONDERE EMPFEHLUNGEN

DELIKATESSEN

Bergerie d'Acciola   🔪 C 11

In der ehemaligen Bergerie südlich von Sartène präsentiert die Familie Henri ausgewählte lokale Produkte. Im Laden, der leicht erreichbar direkt an der N 196 liegt, bekommen Sie eine gute Auswahl an Käse, Schinken und Kastanienprodukten sowie Wein, Likör und Konfitüre aus der Region. Auf der gemütlichen Terrasse mit traumhaftem Blick können Sie das Angebot gleich testen. Hier werden Charcuterie und Käse, aber auch Gegrilltes und hausgemachte Desserts serviert.

Acciola | 8 km südl. von Sartène

DÜFTE UND NATURKOSMETIK

Casa Vecchia   🔪 C 11

Hier sind sowohl die Parfüme von Cyrnarom aus Bastia vertreten als auch die reinen ätherischen Öle der nahegelegenen Distillerie Listincu. Seife aus Eselmilch, Pflegeprodukte auf der Basis von Arganöl oder wohlriechende

Blütenhydrolate – im Laden und im Internetshop der Casa Vecchia bekommen Sie vielfältige Naturkosmetik aus der korsischen Macchia sowie regionale Produkte für die Aromatherapie.
Sartène | 13 Rue des Frères Bartoli | www.casavecchiacorsa.com

Distillerie Listincu ⚓ C 11

Der biodynamische Landwirtschaftsbetrieb Distillerie Listincu lädt ein zu einer Entdeckungsreise durch die Welt der Heilpflanzen. Die Pflanzen, aus denen in den silbernen Silos reine ätherische Öle destilliert werden, werden auf dem Gelände angebaut oder direkt in der Macchia gesammelt. Im Verkaufsraum finden Sie neben reinen ätherischen Ölen auch Mischprodukte und die milderen Hydrolate. Alle Produkte sind bio-zertifiziert.

Vallée de l'Ortolo | Route de Bonifacio, ausgeschildert an der N 198 | www.vitalba.fr | Mo–Fr 10–19 Uhr

WEIN

Domaine Lazzarini ⚓ E 3

Rouge, blanc oder rosé – die Weine der Domaine Lazzarini in Patrimonio, einem der ältesten und besten Weinbaugebiete der Insel, werden regelmäßig prämiert. Außer den neuen Weinen der Domaine stehen in den Regalen des Ladens in Patrimonio auch Marmeladen, Likör, Canistrelli, korsische Charcuterie und ein ausgezeichneter frischer Ziegenkäse zum Verkauf.
Patrimonio | Hameau Fracciasca | www.domainelazzarini.com

Weitere Geschäfte und Märkte finden Sie im Kapitel KORSIKA ERKUNDEN.

Wer handgearbeitete Keramik schätzt, findet in den zahlreichen Töpfereien der Insel eine reiche Auswahl an schönen Stücken.

SPORT UND STRÄNDE

»Gebirge im Meer« nennt man Korsika gern. Ein treffender Name, denn Meer und Berge liegen so nahe beieinander, dass Sie immer die Wahl haben: Sie könnten faul am Strand liegen und schon für den nächsten Tag eine Bergwanderung in alpinem Gelände planen.

Vor allem Outdoor-Sport wie **Rafting**, **Canyoning** und **Klettern** boomt auf der Insel. Hier wächst die Zahl der Anbieter beinahe jährlich. Die auch in Deutschland seit einigen Jahren beliebten **Hochseilgärten** sind auf Korsika unter dem Namen »Parcours Aventures« schon lange etabliert. Sie finden auf der Insel einige der spektakulärsten Anlagen Europas. Wer weniger adrenalinbetonte Sportarten vorzieht, trifft sowohl an der Küste als auch im Bergland auf gut markierte **Wanderwege**. Die schönsten Ecken der Insel zu Fuß entdecken kann man auf fünf markierten Weitwanderwegen. Der anspruchsvollste unter ihnen ist der berühmte GR 20, der in 15 Etappen durch die Bergeinsamkeit führt. Verpflegung kann nur an wenigen Stellen aufgefüllt werden, sodass die Wanderer mit schweren Rucksäcken in teilweise recht schwierigem hochalpinen Gelände unterwegs sind.

◄ Dank solcher Wasserfälle hat sich Canyoning
(► S. 41) auf Korsika zum Trendsport entwickelt.

CANYONING UND RAFTING

Grün oder blau schimmernde, tiefe Gumpen mit Wasserfällen zwischen hohen Felsen – die Bilder korsischer Canyons sind so verlockend, dass sich das Canyoning auf der Insel zur Trendsportart entwickelt hat. Die Ausrüstung dafür stellen die Veranstalter, Einsteiger und Familientouren finden meist am Policellu, Zoico oder dem unteren Vecchio statt. Ebenfalls geeignet sind Tavignano, Richiusa, Verghello, Purcaraccia und Dardo. Angeboten werden auch Balades aquatiques (Wasserwanderungen), die weniger Sportlichkeit und Mut erfordern.

Canyoning Corse 👫 ✈ B 9

Canyoning-Spezialist mit Touren für Einsteiger, Fortgeschrittene und Familien. Der Partner Couleur Corse bietet begleitete Touren auf allen Weitwanderwegen inklusive GR 20 und mehrtägige Inseltouren mit Fahrrad oder Kajak. Ajaccio | 6 Boulevard Fred Scamaroni | www.canyon-corse.com

In Terra Corsa 👫 ✈ D 5

Rafting, Canyoning und Hochseilgarten auch für Familien mit Kindern ab 4 Jahren. In der Basis in Lozari Surfkurse, Segelkurse im Katamaran und Stand-Up-Padding. Ponte Leccia | Route de Calvi, Lieu Dit Baccario | www.interracorsa.fr

KAJAK

Im Frühjahr führen Tavignano, Travo, Fium Orbo, Golo und Asco ausreichend Wasser und werden zum Para-

dies für Wildwasserkanuten (ab Wildwasser II–III). Im Sommer kann man die einsamen Küsten der Désert des Agriates, am Cap Corse, an der Steilküste bei Porto oder an der Südspitze mit dem Kajak erforschen. Da Kajaktouren auf dem Meer besondere Kenntnisse erfordern, sollten sich unerfahrene Kanuten dazu einer geführten Gruppe anschließen. Organisierte Touren gibt es als Tages- oder Mehrtagestouren. Auch für absolute Anfänger befahrbar ist der Unterlauf des Tavignano zwischen Aléria und dem Meer. Einen Verleih finden Sie in Aléria am Flussufer.

Cors'Aventure ✈ B 9

Kajaktouren und Kajakverleih in Porticcio und auf der Halbinsel Isolella im Golfe de Ajaccio, Rafting, geführte Wanderungen, Kletterkurse, Canyoning, Mountainbiketouren. Eccica Suarella | Corri Bianchi | Route de Sartène | www.corse-aventure.com

Corsekayak ✈ D 3/E 1

Rafting, Wildwasser- und Seekajak. Verleih in St-Florent an der Plage de Roya und in Macinaggio am Cap Corse. Mountainbiketouren (VTT) in der Désert des Agriates. www.corsekayak.com

KLETTERN UND BOULDERN

Das bekannteste Klettergebiet ist der Col de Bavella mit über 100 Routen aller Schwierigkeitsgrade. Aber auch in allen anderen Regionen werden Sie fündig. Eine gute Aufstellung der Rou-

ten finden Sie unter escalade.corse.
topo.free.fr. Kletterkurse bieten zum
Beispiel www.lezardos.net in Bonifacio
oder Alti Piani in Corte an. Ein großes
Bouldergebiet gibt es oberhalb von
Calvi um die Kapelle Notre Dame de la
Serra. Den bekanntesten Klettersteig
der Insel finden Sie im Ascotal.

Alti Piani   D 6

Kletterkurse, Canyoningtouren auch
für Einsteiger und Familien, Moun-
tainbikeverleih für Touren ins Resto-
nicatal oder ins Bozzio, Organisation
und/oder Führung von Mehrtages-
wanderungen. Informationen auch auf
Deutsch.

Corte | 2 Place Paoli | www.altipiani-
corse.com

MOUNTAINBIKE UND RENNRAD

Radfahren ist auf Korsika eine sportliche Angelegenheit. Gefahren wird
meist auf Straßen, die eigentlich immer
entweder bergauf oder bergab führen und die man sich mit Autos
und Motorrädern teilt. Eine Ausnahme
macht da nur das Mountainbiken.
VTT – Vélo tout Terrain – heißen die
rustikalen Bikes auf Französisch. Das
Potenzial der Insel für Mountainbiker
ist groß, markierte Strecken gibt es
aber nur wenige.

Europe Active   E 4

Ob Rennrad, Trekkingrad oder Moun-
tainbike – Europe Active hat das pas-
sende Leihrad für Sie und bietet außerdem Hilfe bei der Tourenplanung und
geführte Radreisen. Verleihstationen
bei Bastia und in der Balagne.

Borgo | 11 lot. San Ornellu | www.
fahrrad-korsika.com

Objectiv Nature   E 3

Objectiv Nature bietet das komplette
Programm: organisierte Wanderungen, Kajak und Rafting, Mountain-
bikeverleih und Wasserwanderungen,
Reiten und Angelausflüge per Boot.
Sogar Tauchkurse und Drachenfliegen
werden hier vermittelt.

Bastia | 3 Rue ND de Lourdes | www.
objectif-nature-corse.com

REITEN

Der Traum vom Ritt am Strand –
auf Korsika wird er wahr. Reitställe
gibt es in allen Regionen der Insel.
Wer nur einen kurzen Ausritt machen
möchte, findet die passenden Adressen in der regionalen Touristeninformation. Rechnen Sie 20 € für einen
einstündigen Ausritt und 50 bis 60 €
für eine Halbtagestour. Mehrtägige
Ritte sollten Sie von zu Hause planen.
Gute Adressen sind hier:

A Cheval en Corse   C 1

Echte Abenteuer für geübte Reiter:
Neben einwöchigen Ritten in die Berge
oder ans Meer mit gut trainierten, trittsicheren korsischen Pferden steht auch
noch eine dreiwöchige Transcorsica
Expedition mit Biwak und Packpfer-
den im Programm.

Granace | 57 Forconcello | www.
randonnee-equestre-corse.com

Ferme equestre d'Arbo Valley   C 4

Kurze Ritte führen in die Désert des
Agriates, längere Trekkingtouren von
zwei Tagen bis zu einer Woche auch ins
Hochgebirge oder an die einsame Küste südlich von Sartène.

Monticello | Lieu Dit Saleccia | Route
de Bastia | www.arbovalley.fr

SCHNORCHELN UND TAUCHEN

Schnorchel und Brille sind auf Korsika schon beinahe Pflicht. Schon an den ersten Felsen am Rand der Sandbuchten treffen Sie auf Schwärme von kleinen Fischen. Ein echtes Schnorchelparadies sind die Îles Lavezzi (▶ S. 134). Die Tauchgründe rund um Korsika sind eine fischreiche bunte Unterwasserwelt. Lohnende Spots und Tauchschulen gibt es rund um die Insel. Besonders sehenswert sind die felsige Westküste und die wilde Südspitze mit der Meerenge von Bonifacio. Bei Calvi gehört das Wrack eines Bombers aus dem Zweiten Weltkrieg, der in moderater Wassertiefe vor der Zitadelle im Meer rostet, zu den begehrten Zielen, im Süden sind es die beinahe zahmen riesigen Zackenbarsche und die vielen Inseln in der Meerenge, die die Taucher

anziehen. Um Sprachschwierigkeiten beim Tauchkurs zu vermeiden, konzentriert sich meine Auswahl vor allem auf deutschsprachige Schulen. Wer gut Englisch oder Französisch spricht, hat sehr viel mehr Auswahl.

Beluga Diving   ⚓ C 4
PADI Tauchschule und Tauchausflüge. Die fischreichen Riffe vor Île Rousse, Revellata und das Cap Corse sind die Spots der Tauchschule von Miriam Berz.
L'Île Rousse | Abri du port | www.beluga-diving.com

Ecole de plongée internationale de Calvi   ⚓ B 4
Die PADI Tauchschule im Hafen von Calvi bietet Fahrten nach Revellata und   zum Wrack des Bombers vor

Die Freiheit zu Pferde (▶ S. 42) genießen lässt sich auf der Insel leicht – Reitställe und Angebote für geführte Touren sind in allen Regionen vorhanden.

Calvi. Kurse, Tauchfahrten und Materialverleih.

Calvi | Route de Pietramaggiore | www.epic-plongee.com

L'Hippocampe 🚹   ⚑ E 11

CMAS Tauchschule mit guter Anfängerausbildung in deutscher Sprache, auch für Kinder ab acht Jahren, viele interessante fischreiche Spots in unmittelbarer Nähe im Naturschutzgebiet der Îles Cerbicales. Basis auf dem (FKK) Camping La Chiappa, die Tauchschule ist jedoch öffentlich!

Porto-Vecchio | Club La Chiappa | www.hippocampe.de

WANDERN

Außer den Weitwanderwegen GR 20, Tra Mare e Monti und den drei Mare-a-Mare-Routen, die in Ost-West-Richtung über die Berge führen, gibt es auch jede Menge markierte Tagestouren. Einen deutschsprachigen Wanderführer bringt man am besten schon von zu Hause mit. Wanderwege auf Korsika sind zwar gut markiert, aber fast immer schmal und steinig, und es gibt auch weglose Passagen. Sie brauchen also auf jeden Fall Wanderschuhe und eine gute Wegbeschreibung. Hütten, wie man sie aus den bayerischen Alpen kennt, existieren nicht. Proviant und Wasser müssen Sie selbst mitnehmen, und auch ein Regenschutz gehört immer in den Rucksack. Im zentralen Bergland der Insel sind die Wetterverhältnisse hochalpin und können sich in Windeseile ändern.

WIND- UND KITESURFEN

Die besten Surfspots Korsikas befinden sich an der Südspitze der Insel. Sehr gut geeignet für Anfänger sind die Buchten von Figari, Chiappa und Piantarella oder bei Île Rousse und St-Florent in der Balagne. Profispots findet man bei passendem Wind in Algajola (Balagne) und Santa Manza bei Bonifacio. Ausführliche Beschreibung der Spots unter www.suwa.fr.

Eine geschützte Bucht und deutschsprachige Kurse für Anfänger sowie Ausflüge zu den Îles Cerbicales für Könner bietet die Surfschule La Chiappa von Tony Bichler in der FKK-Ferienanlage La Chiappa in Porto-Vecchio. Materialverleih und Kurse auf Französisch gibt es z. B. bei Bonifacio Windsurf am Strand von Piantarella (www.bonifacio-windsurf.com) und École Figari direkt an der tief eingeschnittenen Bucht von Figari (www.ecolefigari.com).

STRÄNDE

Beinahe endlos ist der Sandstreifen an der Ostküste, im Süden treffen Sie auf bildhübsche, gut versteckte Buchten zwischen felsigen Küstenbereichen, und auch die raue Westküste hat viel zu bieten: lange Strände im Südwesten, wilde Steilküste in der Mitte um Porto und dann wieder seichte türkisblaue Buchten in der Balagne. Auf Korsika findet jeder seinen Traumstrand.

Golfe de Santa Giulia   ⚑ E 11

Von Dünen und Kiefern begrenzt, in einem Bogen geschwungen mit dicken Felsbrocken im Wasser ist der ebenso weiße sanft abfallende Strand von Santa Giulia der zweite Traumstrand bei Porto-Vecchio. Gepflegte Ferienanlagen sorgen für attraktive Quartiere in der Nähe der Bucht.

Plage d'Ostriconi C 3

Feinsandige Bucht am südlichen Rand der Steinwüste der Désert des Agriates. Weit entfernt vom nächsten Ort. Zufahrt links neben dem Camping Ostriconi in einen toten Arm der alten Küstenstraße. Fußweg zur Bucht ca. 10 Min., kurz vor dem Meer muss der Fluss Ostriconi durchwatet werden.

Plage de Calvi B 4

Das Meer ist in der Bucht von Calvi ein türkisblaues Planschbecken. Das Wasser ist flach, wird schnell warm, Wellen sind im Sommer beinahe ein Fremdwort. Ein Familienstrand in Stadtnähe, mit Liegen und Strandbars. Weiter außerhalb finden Sie an dem 4 km langen Sandstreifen auch Plätze ohne Infrastruktur.

Plage de Cupabia B 10

Die schöne lange Sandbucht ist ideal für Kinder, da es nur recht langsam ins Wasser geht. Eingerahmt von roten Felsen und weit entfernt vom nächsten Ort. Strandrestaurant.

Plage de Lodo und Plage de Saleccia D 3

Von St-Florent ist dieses abgelegene Paradies mit dem Badeboot zu erreichen. Die beiden Strände an der Küste der Désert des Agriates gehören zu den schönsten der Insel.

Plage de Lozari B 4

Der Sand der langen Bucht am Rand der Balagne ist eher gelb als strahlend weiß, und beim passenden Wind schlagen die Wellen höher als in den geschützten Nachbarbuchten bei Calvi und Île Rousse. Dafür ist es hier, trotz der Ferienanlage hinter dem Strand, selten richtig voll. In der Hochsaison gute Pizzeria am Strand.

Plage de Palombaggia   E 11

Ein langer Sandstreifen, von Granitbrocken in mehrere Buchten unterteilt, eingerahmt von hohen Pinien. Das Wasser schillert klar und türkisblau vor dem sanft ins Meer abfallenden weißen Strand. Der Palombaggia südlich von Porto-Vecchio ist der Traumstrand der Insel, viel fotografiert und immer gut besucht.

Plage de Pinarello E 10

Der schön geschwungene Sandstreifen vor einem Pinienwald mit Blick auf eine Felseninsel ist fast noch ein Geheimtipp. Im Frühsommer oft angeschwemmter Tang. Für die Hochsaison wird jedoch gereinigt.

Plage de Roccapina C 11/12

Unterhalb der markanten Felsformation des Lion de Roccapina, die von der Seite gesehen an einen ruhenden Löwen mit prächtiger Mähne erinnert, versteckt sich ein weiterer feinsandiger weißer Strand. Er liegt 22 km südlich von Sartène, die Zufahrt von der Auberge Coralli an der N 198 auf einer 3 km langen, geschotterten Piste ist jedoch etwas ruppig.

Plage de Rondinara E 11

Von oben gesehen ist die Bucht beinahe kreisrund. Weißer Sand säumt die Ufer, und das Wasser schillert türkisblau. Eine schmale Einfahrt erlaubt den Zugang zum offenen Meer und macht Rondinara zum perfekt geschützten Hafen.

FESTE FEIERN

Mittelalterliche Büßerprozessionen zu Ostern, polyphone Musik im Hochsommer, das Maronenfest im Herbst, jedes Fest hat einen anderen Mittelpunkt. Gemeinsam ist ihnen, dass es die Traditionen sind, die den Festkalender bestimmen.

Niemand weiß, wer unter dem roten Kapuzengewand steckt. Wenn sich der Catenacciu, der Gekettete, mit seinem schweren Kreuz auf den Bußgang macht, dann hat die jährliche Prozession am Abend des Karfreitag in Sartène ihren Höhepunkt erreicht. Jedes Jahr zieht das mittelalterlich anmutende Ritual Tausende von Besuchern an. Trotzdem ist das Fest kein Touristenspektakel. Der Gang des Catenacciu zeugt vielmehr von einer archaischen Religiosität, die sich auf der Insel bis in die Gegenwart erhalten hat. Eine schwere Eisenkette am nackten Bein, verhüllt in einer roten Kutte, schleppt der Büßer ein etwa 30 kg schweres Holzkreuz durch die Dunkelheit. Seine Identität kennt nur der Pfarrer, der auch die Auswahl trifft. Denn um das Amt des »Roten Büßers«, wie das Volk den Geketteten auch nennt, muss man sich bewerben, und manch einer hat viele Jahre auf die Ehre gewartet.

◄ Im frischen Wind des Festiventu (▶ S. 48)
von Calvi flattern diese gelben Wimpel.

In Calvi mischen sich zwei Karfreitagstraditionen: Auch hier trägt ein Büßer barfuß sein Kreuz durch die Stadt, vorher dreht sich auf dem Kirchplatz die Spirale der Granitula. Der komplizierte Tanz geht auf ein vorchristliches Ritual zurück. Die Tänzer laufen eine enger werdende Schnecke, die sich dann in Spiralform wieder auflöst und den Prozess von Leben, Tod und Wiedergeburt symbolisiert. Auch in Corte, Erbalunga und Pietricaggio in der Castagniccia wird der Granitula getanzt.

Nicht alle Feste der Insel sind so dramatisch. Beliebt und ganz entspannt sind die regionalen Märkte, die die neue Ernte preisen: A Fiera di U Casgiu im Mai in Venaco widmet sich dem Handwerk des Hirten und dem Käse. Mele in Festa, das Honigfest, findet im September in Murzo statt, und die Ernte der Maronen wird im November in Evisa gefeiert. Über 30 solcher Märkte gibt es rund um das Jahr. Termine finden Sie unter www.visit-corsica.com im Bereich Entdeckungen.

MÄRZ/ APRIL

Granitula-Ritual, Calvi

Der Granitula-Tanz gehört zu den wichtigsten Ritualen rund um Ostern. Besonders eindrucksvoll ist er in Calvi, wo die Teilnehmer vor der Kirche St-Marie Majeure zusammenfinden.
Karfreitag

Karfreitagsprozession

Die Prozessionen finden überall auf der Insel statt, in Bonifacio, Erbalunga und – als Höhepunkt – in Sartène und Calvi.

JUNI

Cavall'in Festa, Corte 🧍‍♂️

Das jährliche Treffen der Pferdezüchter mit großem Pferdemarkt und Reitvorführungen.
Quartier Chabrière | 2. Wochenende im Juni

Jazz Festival, Calvi

Acht Tage im Ausnahmezustand. Über 100 Interpreten aus aller Welt spielen in der Stadt. Es gibt täglich Konzerte und abends Jamsessions auf der Straße.
Ende Juni/Anfang Juli | www.calvi-jazz-festival.com

JULI

Estivoce, Pigna

Konzerte korsischer Gruppen, teilweise auch mit traditioneller polyphoner Musik, in Pigna und den umliegenden Dörfern der Balagne.
Anfang-Mitte Juli | www.centreculturelvoce.org/estivoce.html

Festival Nuits de la Guitare, Patrimonio

Ob Blues, Jazz, Rock, Weltmusik: Auf der Bühne des Naturtheaters von Patrimonio mischen sich einheimische Musiker mit Stars wie Patti Smith, Tracy Chapman, Earth, Wind & Fire oder Deep Purple.

Ende Juli | www.festival-guitare-patrimonio.com

JULI/AUGUST
Filmfestival, Lama

Vier Leinwände, teilweise unter freiem Himmel an den schönsten Plätzen des winzigen Ortes Lama aufgestellt, bieten Raum für das einzige Filmfestival auf Korsika. Schon seit 20 Jahren werden hier jedes Jahr Ende Juli preisgekrönte Kurz- und Dokumentarfilme gezeigt. Kenntnisse der französischen Sprache sind für einen Besuch sinnvoll.

Ende Juli/Anfang August | www.festilama.org

Hippodrome de Zonza

Die Rennbahn von Zonza liegt mitten in den Bergen, an der Straße zwischen dem Bavellapass und Zonza. An sechs Sonntagen im Juli und August werden hier Trab- und Galopprennen ausgetragen.

www.hippodrome-zonza.fr

AUGUST
Foire artisanale et agricole du tourisme rural, Sollacaro

Großer Markt mit regionalen Produkten, Ständen und Werkstätten der örtlichen Kunsthandwerker und viel Musik.

Anfang August

Geburtstag Napoleon, Ajaccio

Mit einer großen Parade feiert die Inselhauptstadt ihren berühmtesten Sohn. Napoleon Bonaparte wurde am 15. August 1769 in Ajaccio geboren.

15. August

SEPTEMBER
A Santa di u Niolu, Casamaccioli

Eines der größten Feste Korsikas findet zu Ehren der Heiligen des Niolu jedes Jahr im Weiler Casamaccioli statt, begangen von Tausenden Gläubigen und Schaulustigen. Drei Tage währt das Volksfest, mit Jahrmarkt mit Kunsthandwerk, Karussells, Glücksspiel und Schießständen. Seit einigen Jahren setzt die wiederbelebte Tradition des Dichter- und Sängerwettstreits einen weiteren Höhepunkt.

8. September

Rencontres polyphoniques, Calvi

Fünf Tage der internationalen polyphonen Musik mit Chören aus aller Welt. Konzerte in der Zitadelle und in mehreren Kirchen in Calvi.

Mitte September | myspace.com/rencontrescalvi

OKTOBER
Festiventu, Calvi

Frischen Wind bringt Ende Oktober das Festiventu in Calvis Gassen. Straßenkunst, Konzerte, Kunstausstellungen, Umweltschutz – gefragt sind neue Ideen und neue Projekte. Das Festival bietet Raum für Diskussionen und präsentiert Innovatives.

Ende Oktober | www.lefestivalduvent.com

NOVEMBER
Fête du marron, Evisa

Maronen sind eine Spezialität des 200-Seelen-Dorfes Evisa, besonders die Kastaninensorte »Insitina«. Beim jährlichen Kastanienfest können Sie diese und viele andere Sorten kosten.

Letztes Wochenende im November

MIT ALLEN SINNEN
Korsika spüren & erleben

Reisen – das bedeutet aufregende Gerüche und neue Geschmackserlebnisse, intensive Farben, unbekannte Klänge und unerwartete Einsichten; denn unterwegs ist Ihr Geist auf besondere Art und Weise geschärft. Also, lassen Sie sich mit unseren Empfehlungen auf das Leben vor Ort ein, fordern Sie Ihre Sinne heraus und erleben Sie Inspiration. Es wird Ihnen unter die Haut gehen!

◄ Einfach abtauchen im glasklaren Wasser, das geht hervorragend im Fangotal (▶ S. 52).

ESSEN UND TRINKEN

Le 20123 ▶ Klappe hinten, d 5

Originell und gemütlich – Das Dorf Pila Canale im Tal des Taravo (Postleitzahl 20123), längst dem ländlichen Exodus zum Opfer gefallen, ist in der Rue du Roi du Rome auferstanden. Das Dekor des Le 20123 ist ländlich, die Küche setzt auf die Rezepte korsischer Großmütter. Serviert wird jeden Abend ab 19 Uhr ein Menü mit zwei Vorspeisen, Hauptgericht, Käse und Dessert, begleitet von korsischer Livemusik. Reservierung nicht vergessen und unbedingt richtig hungrig zum Essen erscheinen.

Ajaccio | 2 Rue du Roi de Rome | Tel. 04 95 21 50 05 | www.20123.fr | €€€

WELLNESS

Essences Naturelles Corses ⚑ E 5

Seit über 50 Jahren ist der Gutshof Bordeo im Besitz der Familie Keyserlingk. Wo früher Obst angebaut wurde, ist heute ein großer Heil- und Duftpflanzengarten zur Gewinnung hochwertiger ätherischer Öle entstanden. Die schonende Destillation und Extraktion der Essenzen findet auf dem Hof statt. An der Theke der Anlage können Sie sich durch alle Produkte des Hauses schnuppern und erleben dabei ganz sicher manche Überraschung. Haben Sie eine Vorstellung, wie Myrtenwasser riecht? Oder soll es der unerwartet herbe Geruch von Clementine oder das zart duftende Rosenwasser sein? Ob Eau de Parfum, Blütenwasser oder reine ätherische Öle – die Auswahl an natürlichen Düften ist groß. Selbst für

eher praktische Naturen findet sich das Richtige: Bei Keyserlingks bekommt man auch einen wirklich wohlriechenden Mückenschutz.

Wer mehr über die Pflanzen und ihre Verarbeitung wissen möchte, kann an einer deutschsprachigen Führung durch Gärten und Produktion teilnehmen (Mo, Mi Fr 10.30 Uhr). Anschließend sollten Sie es nicht versäumen,

Ihren Geschmackssinn im neu eröffneten Café mit hausgebackenem Kuchen zu verwöhnen.

San Nicolao | Lieu Dit bordeo | Tel. 04 95 38 46 04 | www.essences-naturelle scorses.fr | Juni–Sept. Mo–Sa 10–12.30, 15–19, Okt.–Mai Mo–Fr 10–12, 14–17 Uhr

AKTIVITÄTEN

Die heilige Almhütte Chapelle San Bertuli ⚑ E 8

Die Chapelle San Bertuli gilt als mystischer Ort. Sie steht auf einem Bergkamm zwischen dem Mont du Cocone und der Pietra Justa in der ersten Bergreihe der Castagniccia. Eine einfach gebaute Holzterrasse erwartet dort müde Wanderer – und ein hinreißender Blick über die Berge und die umliegenden Dörfer. Auf der anderen Seite sieht man hinunter bis zum Meer. Zwischen Mitte Juni und Anfang September wird San Bertuli von der Familie Grisanti als Alm bewirtschaftet. Die Milch der Ziegen und Schafe verarbeiten die Senner vor Ort. Den frischen Käse können Sie an der

Kapelle kaufen oder an den rustikalen Holztischen als »assiette de fromage« verspeisen. Noch leckerer sind die »beignets de fromage« – die käsegefüllten Teigbällchen sind eine korsische Spezialität.

Parata | Parkplatz zwischen Kirche und Ort am Straßenrand. Der Einstieg ist mit Wegweiser (St-Bartolomée oder auch St-Barthélemy) gekennzeichnet und später mit orangenen Markierungen versehen. Nach 1,5 Std. auf einem steinigen Pfad ist die Kapelle erreicht.

Das Fangotal erleben 👫 ⚑ B 5

Schwimmen, klettern, springen, staunen – zwischen der Ponte Vecchio und Tuarelli bildet der Fango-Fluss tiefe glasklare Wasserbecken. Viele Gäste kommen im Sommer hierher zum Baden und Felsenspringen. Die ganze Schönheit des Tals erleben Sie aber erst, wenn Sie es durchqueren –

im Wasser, versteht sich. Die Flusslandschaft wechselt stetig zwischen kleinen Schluchten, sprudelnden Mini-Wasserfällen und breiten Kiesbänken. Jede Kurve bietet neue Überraschungen.

Startpunkt ist der Parkplatz an der Ponte Vecchio. Auf dem Wanderpfad, der hinter der Brücke am Ufer entlang in Richtung Tuarelli führt, erreichen Sie nach gut 20 Minuten wieder das Flussufer. Hier wechseln Sie ins Wasser und kehren im Fluss zurück zur Ponte Vecchio. Mit guter Kondition können Sie auch bis Tuarelli laufen (Gehzeit 1 Stunde) und dort an der Brücke ins Wasser steigen. Rechnen Sie für den Rückweg mindestens die doppelte Zeit!

Im Hochsommer ist der Fango nicht kalt, trotzdem sind Badeanzug und Shorts oder ein Neopren Shorty zum Wasserwandern besser geeignet als ein knapp sitzender Bikini. An die Füße gehören leichte Turnschuhe mit griffiger Sohle, die nass werden dürfen. Was Sie nicht im Auto lassen wollen, muss wasserdicht verpackt in einen kleinen Rucksack.

Der Startpunkt an der Ponte Vecchio liegt an der D 351 ca. 3,5 km westl. von Tuarelli. Der Parkplatz ist auf der gegenüberliegenden Straßenseite.

Mit dem Esel ans Ende der Welt 👫 ⚑ C 4

Feliceto und Vezzani heißen unsere Begleiter. Feliceto hat graues Fell und trägt unser Picknick, Vezzani ist dunkelbraun und bekommt den Job als Reittier. Nun sind wir bereit zum Wandern und ziehen los. Der Weg durch das winzige Dörfchen Mausoleo in die Schlucht der Tartagine führt steil bergab und dann teilweise abenteuerlich schmal immer über dem Bach entlang bis zur Maison forestière de Tartagine, wo man gemütlich einkehren kann. »Gehzeit vier bis fünf Stunden, so wie der Esel läuft« erklärt Monsieur Fabiani, der »patron«. Das passt gut für einen ersten Versuch.

So richtig interessant wird die Sache aber erst, wenn Sie mehrere Tage unterwegs sind und statt einem schweren Rucksack auf dem Buckel einen charmanten Begleiter mit sanften braunen Augen am Strick haben. Zugegeben, schneller als sonst kommen Sie wohl nicht voran. Eseltempo ist gemächlich. Aber erleben werden Sie doppelt so viel, und das nicht nur, weil jeder Esel eine Persönlichkeit ist.

Guissani à dos d'âne | Mausoleo d'Olmi-Capella | www.rando-ane-en-corse.fr | Kosten: ein Esel 50 €/Tag | Bei mehrtägigen Touren werden die Quartiere vom Anbieter organisiert. Bergerfahrung ist aber unbedingt notwendig.

Mit dem Kanu zu den Klippen des Grain de Sable 👤👶 🔖 D 12

Im Kanu neben den mächtigen Kalkklippen des Grain de Sable fühlt man sich klein wie ein Sandkorn. Auch der Blick hinauf zu den Mauern von Bonifacio macht Eindruck: Die Ville Haute liegt 70 m über Meereshöhe auf dem langen Kreidefelsen. Einen Kajakverleih, der auch geführte Paddeltouren anbietet, finden Sie an der Plage de Piantarella, der schönen Sandbucht am Ende des Capo Pertusato östlich der Stadt. Gefahren werden offene Sit-on-Top Kajaks. Vom Strand paddeln Sie dann an der Steilküste entlang und auf den längeren Touren auch in die Höhlen und verborgenen Buchten unterhalb der Klippen. Die kürzeren Kajakausflüge sind auch für Familien mit Kindern geeignet.

Bonifacio | Plage de Piantarella | www.bonifacio-kayak.com | Zweier-Kajak 14 €/Std. oder 40 €/4 Std., geführte Entdeckertour ab 35 €

Ob über Steinbrücken oder durch grüne Wälder, Wandertouren mit Esel (▶ S. 52) sind vor allem für Kinder ein besonderes Erlebnis.

Im Fokus
Korsikas Musikszene

Lange Zeit galt das eigene musikalische Erbe Korsikas als vergessen. Doch seit einigen Jahrzehnten erleben die vielstimmigen Gesänge eine Renaissance. Sie sind gefühlvoll, archaisch, meist mehrstimmig a capella. Und immer voller Seele.

»Unsere Musik ist mehr als Musik. Sie ist der Ausdruck der korsischen Seele, sie ist unsere Lebensart.« So lädt Jean Philippe Guissani, der sprachgewandte Bariton der Gruppe Barbara Furtuna, das Publikum zu einer besonderen Reise zur Seele seiner Insel ein. Dann weben vier Stimmen in perfekter Interaktion und Harmonie ein mitreißend emotionales Programm aus alten korsischen Liedern und eigenen Kreationen.

Die Gruppe Barbara Furtuna gehört zu den Vertretern des polyphonen Gesanges, der ganz ohne Instrumentierung auskommt und ausschließlich mit den Stimmen arbeitet. Diese Form der Musik hat auf Korsika eine lange Tradition. Die korsischen Texte der alten Lieder wurden ausschließlich mündlich weitergegeben und waren ein tragender Teil der korsischen Kultur, die vor 40 Jahren fast verschwunden war. Seit Anfang der 1970er-Jahre erlebt korsisches Liedgut eine Renaissance. Als Pioniere brachte die Gruppe Canta u Populu Corsu, die auch heute noch erfolgreich auftritt, erstmals korsische Musik auf die Bühne.

◄ Polyphone Musik – hier die Gruppe Barbara
Furtuna – arbeitet ausschließlich mit der Stimme.

EIN WOHLKLINGENDER AKT DER REBELLION

Heute ist I Muvrini die bekannteste korsische Gruppe, ebenfalls etabliert
sind A Filetta. Nicht rein polyphon, aber trotzdem im Inhalt und im Herzen korsisch, ist die Musik der zur Zeit angesagten Gruppe Diana di
l'Alba, die auch Instrumente wie E-Gitarre, Dudelsack und Schlagzeug
mit auf die Bühne bringen. Die Wiederbelebung korsischen Liedgutes ist
weit mehr als Folklore: Sie ist Teil des Selbstbewusstseins und der Identität des korsischen Volkes, das sich weigert, im Rahmen der Égalité
(Gleichheit) und Fraternité (Brüderlichkeit) des französischen Staates
seine Individualität aufzugeben. Korsische Musik ist also ein sanfter,
wohlklingender Akt der Rebellion.

Traditionell ist der polyphone Gesang auf Korsika eine Männerdomäne.
Er wird in drei Stimmen vorgetragen: die mittlere (a seconda) trägt die
Melodie, die tiefere (a bassu) die Begleitung, die höchste (a terza) singt
die Koloratur. Die Klagelieder am Bett eines Verstorbenen, die »lamenti«,
wurden dagegen von einer Frau deklamiert. In Zeiten der Emanzipa-
tion gibt es aber auch rein weibliche Polyphonieensembles. So sind im
Sommerprogramm der Insel neben dem Frauenquartett Insulatine auch
einige Solistinnen zu finden.

IM SOMMER GIBT ES ÜBERALL LIVEKONZERTE

Zwischen Juni und September, wenn die Touristen auf der Insel sind,
gehen alle korsischen Bands auf Inseltournee. So haben Sie im Juli und
August in allen größeren Orten der Insel mindestens einmal pro Woche
eine Chance, die Sie keinesfalls versäumen sollten: die Möglichkeit, korsische Musik live zu erleben. Dass die Konzerte fast immer in einer Kirche stattfinden, ist eine Frage der Akustik. Lieder und Texte der korsischen Musik drehen sich um Alltag, Heimat, Ehre und natürlich um die
Liebe und sind ganz und gar weltlich geprägt.

So füllen die vier Männerstimmen von Barbara Furtuna den kargen,
hohen Innenraum der gotischen Kirche von Bonifacio mit einem zarten
Netz aus Tönen, das, zu voller Kraft anschwellend, die Farbe von der Decke der alten Kirche rieseln lässt. Gestenreich mit Tönen und Geschichten
spielend, fesseln die vier Musiker ihr Publikum, bekommen begeisterten
Applaus und entlassen nach zwei kurzen Stunden beschwingte und er-
griffene Menschen in eine laue Sommernacht.

KORSIKA
ERKUNDEN

Romantisch: der Spaziergang zum alten
Turm auf den Îles Sanguinaires (▶ S. 85).

BASTIA UND DER NORDEN

Von der quirligen Stadt mit italienischem Flair führt eine reizvolle Rundfahrt ins abgelegene Naturparadies des Cap Corse mit seinen hübschen Fischerdörfern und einigen wenigen gut verborgenen Sandbuchten.

Die meisten Korsika-Reisenden betreten die Insel in Bastia. In der Hauptstadt des Départements Haute-Corse befindet sich der größte Hafen und im Süden der Stadt der größte Flughafen der Insel. Heute ist Bastia eine moderne Metropole mit viel Verkehr und einem großen Gewerbegebiet. Ihr Herz jedoch, die alten Gemäuer in der genuesischen Zitadelle und der quirlige alte Hafen zu deren Füßen, tragen die sichtbaren Spuren mehrerer Jahrhunderte. Unzählige Restaurants umringen den Hafen und bringen Leben in die stimmungsvollen alten Gassen. Im Sommer lebt Bastia im Rhythmus der Fähren, die hier täglich bis zu 7000 Autos und 20 000 Menschen auf die Insel bringen. Wer zum Badeurlaub anreist, verlässt Bastia allerdings meist auf direktem Weg gen Süden und lässt dabei die schöne Altstadt und auch das Cap Corse nördlich der Stadt unbeachtet hinter sich. Doch der Norden hat seine ganz eigenen Reize.

◀ Die Kirche Saint-Jean Baptiste (▶ S. 60) überragt den Hafen von Bastia.

Das Cap Corse, die Nordspitze der Insel, ragt wie ein erhobener Zeigefinger ins Mittelmeer und verhilft Korsika zu seiner charakteristischen Form. Eine kurvige Straße führt um die Halbinsel herum und bietet sich für eine Rundfahrt an.

Calvi und die Balagne

Bastia und der Norden

Corte und die Inselmitte

Ostküste und Castagniccia

Ajaccio und der Westen

Bonifacio und der Süden

CAP CORSE

Das Cap Corse ist ein Abbild Korsikas im Kleinen: Das Zentrum der Halbinsel ist bergig. Einer der höchsten Gipfel ist der Monte Stello (1307 m). An der Westküste stürzen die Felswände beinahe senkrecht ins Meer, an der sanfteren Ostküste drängen sich wenige Dörfer um schmale Kiesbuchten. Auf einer Rundfahrt ums Cap Corse darf ein Stopp im gepflegten Erbalunga ebenso wenig fehlen wie die Rast in Macinaggio, am urigen Hafen von Centuri oder in Nonza mit seinem Genuesenturm über der windumtosten Küste.

Am westlichen Ende der Rundtour um die Halbinsel sorgt St-Florent für Kontraste. Zwischen den dünn besiedelten Regionen des Cap Corse und der menschenleeren Steinwüste Désert des Agriates hat sich hier ein gut besuchtes Touristenstädtchen entwickelt, dessen Hauptattraktion die blendend weißen Buchten an der einsamen Küste der Agriates sind.

BASTIA  E3

43 000 Einwohner
Stadtplan ▶ S. 61

Der Hafen Porto Nuovo, in dem die Fähren vom italienischen und französischen Festland ankern, ist allgegenwärtig. Man sieht ihn von der Place Saint-Nicolas, wo sich zwischen dem Standbild Napoleon Bonapartes und dem Kriegerdenkmal ein Cafétisch an den nächsten reiht. Von den Restaurants in der Zitadelle sieht man die einlaufenden Fährschiffe. Im alten Hafen gleich nebenan drängeln sich Jachten und Fischerboote.

SEHENSWERTES

① Cathédrale Ste-Marie

In der Nähe der Zitadelle erhebt sich die Kathedrale Ste-Marie mit einer Reihe sehenswerter Kunstwerke. Das Innere der stattlichen Kathedrale wirkt leicht und heiter.
Citadelle

❷ Chapelle Ste-Croix

Die einzige Kapelle Korsikas im Roko-
kostil erheitert mit pausbackigen Put-
ten. Kirchenpatron ist der von den
Fischern Bastias noch heute bewunder-
te »christ des miracles«. Beim »Jesus
der Wunder« handelt es sich um ein
schwarzes Holzkruzifix, das 1428 aus
dem Meer geborgen worden sein soll.
Citadelle

Der schönste Blick übers Meer von Bastia

Zwischen der Stadt und dem Meer
liegt der winzige Park Jardin Romieu. Hier finden sich stille Sitzplätze
unter Palmen hoch über dem Hafen
(▶ S. 13).

❸ Citadelle

Als Terra Nova oder einfach als Zitadelle wird das erhöht liegende Viertel
innerhalb der mächtigen Stadtmauer
bezeichnet. Zentrum der alten genuesischen Stadt war der Gouverneurspalast, in dem heute das Stadtmuseum
untergebracht ist. In den schmalen autofreien Gassen zwischen den mehrstöckigen Häusern bleibt es auch im
Sommer schön kühl. Einen tollen Blick
hinunter zum Hafen hat man von
den Restaurants an der Rue St-Michel,
ebenfalls stimmungsvoll ist die zentrale
Place Guasco, in deren Umfeld auch
kleine Läden zu finden sind.

❹ St-Jean Baptiste

Sieht man Bastia vom Meer, ragen
die beiden Türme der größten Kirche
der Insel hinter dem alten Hafen
empor. Erbaut 1636 bis 1666, erhielt die
Barockkirche ihre charakteristischen
Glockentürme erst Mitte des 19. Jh.
Die Innenbemalung mit Trompe-d'œil-
Effekten wird mit 1870 datiert.
Place de Marché

MUSEEN UND GALERIEN

❺ Musée de Bastia

Die Geschichte der Stadt Bastia ist
Thema der Ausstellung im ehemaligen
Gouverneurspalast in der Zitadelle.
Zwischen zwei Buchten, die als natürlicher Hafen genutzt werden, errichtete der genuesische Gouverneur 1380
eine Bastion, um den Seehandel zu
stützen. Im folgenden Jahrhundert entwickelte sich um die Burg eine Stadt.
Die Stadtmauer existiert noch heute
als Außenbegrenzung der Zitadelle.
Die Ausstellung ist in drei Themen-
bereiche gegliedert: Architektur und
Stadtentwicklung, Politik und Wirtschaft, Kunst und Kultur.
Citadelle | Place du Donjon | Di–So 10–
18 Uhr | www.musee-bastia.com

ESSEN UND TRINKEN

RESTAURANTS

❻ A Casarella

Kreative Küche – Zwei schöne Terrassen in bester Lage in der autofreien
Zitadelle. Weitblick über das Meer und
den Fährhafen von Bastia. Serviert
wird korsisch-französische Küche, sehr
beliebt ist das »risotto à la langouste«.
6 Rue Ste-Croix | Tel. 04 95 32 02 32 | €€€

❼ Chez Vincent

Pizza mit Meerblick – Gute Pizzen zu
reellen Preisen, aber auch sehr gute
Fleisch- und Fischgerichte.
12 Rue St-Michel | Tel. 04 95 31 62 50 |
€€–€€€

a   b   Pietranera, Cap Corse (10)   c

Toga

(12)

Anse de Toga

L'Annonciade

1

Ste-Lucie

Chemin de l'Ann

Av. Emile Sari

Bd. du Général-Graziani

R. Luce de Casablanca

Préfecture

Notre-Dame-de-Lourdes

Nouveau Port

Bd. du Fango

R. José Luccioni

Hôtel de Ville

2

Av. Mal. Sébastiani

Gare

R. Gabriel-Péri

R. Paoli

SNCF

R. Salicetti

Marseille Nizza

Route de l'Usine à Gaz

Ch. de l'Hôpital Militaire

Rue César Campinchi

Boulevard Général de Gaulle

(11)

Place St-Nicolas

P

P

3

R. Miot

R. Miot

Bassin St-Nicolas

Chapelle St-Roch

R. St-François

Terra

Bd. H. de Montera

Bd. Benoîte Danesi

Boulevard Paoli

Chapelle de l'Immaculée Conception

Rue Napoléon

(13) Place de Marché

Quai des Martyrs

Sacré Cœur

Eglise St-Jean Baptiste

(4)

(9)

(8)

Quai du 1er Bataillon de Choc

R. Gal. Car Lucciia

Rue de la Marine

Quai du Sud

Vieux Port

4

St-Florent

Palais de Justice

St-Charles

Bd. A. Gaudin

Jardin Romieu

(2)

Musée d'Ethnographie Corse

Citadelle

(7)

(6) (10)

(3)

Terra Nova

5

Montée des Filippines

Musée de Bastia Pl. D. Vincetti

(5)

(2)

Chapelle de Ste-Croix

P

(1)

Place d'Armes

Cathédrale Ste-Marie-de-l'Assomption

Scala Santa

6

N

0   300 m

Bastia

Aéroport, Porto-Vecchio

b

© MERIAN-Kartographie

1

2

3

4

5

6

8 Petite Marie

Königin der Langustinen – Versteckt in einer Seitengasse hinter dem alten Hafen findet sich dieses beliebte Lokal. Langustinen oder Muscheln mit hausgemachten Pommes frites sind die besondere Spezialität des Hauses. Nur abends geöffnet, Reservierung unbedingt empfohlen.

2 Rue de Zephyrs | Tel. 04 95 32 47 83 | €€

9 Table du Marché de Jean

Fischspezialitäten am Marktplatz – Einladendes Restaurant in ruhiger Lage nahe der Kirche St-Jean Baptiste. Angenehmes Restaurant mit gutem Service und gleichbleibend guter Qualität. Der Guide Michelin wie auch der Gault Millau empfehlen die Küche.

Rue du marché | Tel. 04 95 31 64 25 | €€€

10 U Spuntino

Die Place Guasco in der Zitadelle ist abends ein beliebter Treffpunkt der Einwohner Bastias, und die gemütlichen Plätze des U Spuntino füllen sich schnell. Regelmäßig Livemusik, gute Weinauswahl und kleine Gerichte. Frische Pasta, Wildschweinlasagne, »beignets au fromage« und köstliche Desserts. Durchgehend warme Küche.

7 Rue Dragon | Tel. 06 29 80 73 87 | €€

EINKAUFEN

11 Boutique Mattei

Außer dem als Aperitif beliebten Kräuterlikör Cap Corse mit seinem prägnanten roten Etikett können Sie hier auch Kastanien- oder Myrtenlikör, Cedratine sowie nostalgische Accesoires im Mattei-Design erwerben.

15 Boulevard Général de Gaulle

12 Laboratoire et Musée de la Parfumerie Cyrnarom

Die Lieblingsdüfte Napoleons sind die Basis für das Eau de Bonaparte. Schon seit 30 Jahren kreiert Guy Cecchini, der sein Handwerk in Grasse gelernt hat, Parfums – zum größten Teil aus den Essenzen der Macchia. Cecchini ist ein korsisches Original. Im Laboratoire, das gleich neben dem Laden liegt, kann man noch tiefer in die Geheimnisse des Duftmischers vordringen.

29 Avenue Emile Sari

13 Place du Marché

Jeden Samstag- und Sonntagvormittag werden auf dem Marktplatz vor dem Rathaus regionale Produkte angeboten. Schafs- und Ziegenkäse, frisches Gemüse, Würste und Schinken.

Place de l'Hôtel de Ville

SERVICE

AUSKUNFT
Office de Tourisme de Bastia

▶ S. 61, b 2

Pl. St-Nicolas | Tel. 04 95 54 20 40 | tgl. 8–20 Uhr | www.bastia-tourisme.com

Ziele in der Umgebung

ANCIENNE CATHÉDRALE LA CANONICA

E 4

Im Mündungsgebiet des Golo erhebt sich malerisch neben der Ausgrabung der alten römischen Siedlung Mariana die Silhouette der ehemalige Kathedrale La Canonica. Der romanische Bau gilt als eine der ältesten Kirchen der Insel. Die Wände der wuchtigen Kirche bestehen aus verschiedenfarbigen Steinblöcken, ansonsten ist sie weitgehend schmucklos.

25 km südl. von Bastia

◎ CANARI 🚩 D 2
321 Einwohner

Im Zentrum des Ortes steht dekorativ ein weißer Glockenturm neben der Kirche Santa Maria Assunta aus grünem Schiefer. Errichtet Ende des 12. Jh., wurde die Kirche nur wenig verändert und gilt als ein rares Beispiel der pisanisch geprägten romanischen Baukunst.

44 km nordwestl. von Bastia

◎ CAP CORSE   🚩 D–E 1–3
Die 40 km lange Halbinsel wird gern auf einer Rundfahrt erforscht. Wer einen ruhigen Urlaubsort schätzt, liegt hier aber auch für einen längeren Aufenthalt richtig. Schöne Unterkünfte mit Meerblick finden sich im bergigen Hinterland, Romantiker wählen Erbalunga oder den malerischen Fischerort Centuri Port zum Quartier.

Nördl. von Bastia

AKTIVITÄTEN
Balades aquatiques
Wasserwanderungen sind eine einfachere Version des Canyonings, des Flusswanderns. Der spielerische Aspekt steht dabei im Vordergrund. Eine geführte Balade aquatique hat der Anbieter Objectiv Nature am Cap Corse im Angebot. Die dreistündige Tour erfordert eine gute Kondition.

Objectiv Nature | Bastia | 3, Rue ND de Lourdes | www.objectif-nature-corse.com | 40–50 €

◎ CENTURI PORT 🚩 D 1
218 Einwohner

Nur wenige Häuser gruppieren sich um den geschützten Hafen von Centuri Port, von dem aus früh am Morgen die Fischerboote auslaufen. Der Fang des Tages kommt in den Restaurants des Ortes auf den Tisch. Die Fischer sind spezialisiert auf den Langustenfang.

56 km nordwestl. von Bastia

ESSEN UND TRINKEN
RESTAURANTS
A Macciotta
Muscheln und mehr – Fischrestaurant am Hafen mit Tradition und durchgängig guter Küche. Menü zu fairem Preis.
Port de Centuri | Tel. 04 95 35 64 12 | €€

La Bellavista ▶ S. 28

Le Vieux Moulin
Edel und lecker – In zweiter Reihe und etwas abseits vom Trubel, aber durch seine Lage am Hang trotzdem mit Hafenblick. Angenehme Terrasse mit viel Grün, aufmerksamer Service und gute Küche. Die Spezialitäten des Hauses sind Hummer und Langusten.
Port de Centuri | Tel. 04 95 35 60 15 | €€€€

CAFÉS
Alex
Am Hafen – Frühstück mit besonders guten Croissants und Pain au Chocolat serviert das Café Alex. Ein Teil der Tische steht mit bestem Hafenblick direkt am Wasser. Natürlich auch für den Nachmittagskaffee der richtige Platz.
Port de Centuri

EINKAUFEN
Moulin Mattei
Die alte Mühle in Alleinlage auf dem windigen Col de la Serra wurde vom korsischen Spirituosenhersteller Mattei renoviert. In der Saison werden hier

zugunsten des Naturschutzgebietes am Cap Corse Souvenirs verkauft. Außerdem Degustation und Verkauf der verschiedenen Mattei Liköre.

2 km nördl. von Centuri an der D 80 am Col de la Serra | Mo–Sa 10–17 Uhr

◎ ERBALUNGA E 2
1623 Einwohner

Die Bilderbuchversion eines Fischerdorfs steht unter Denkmalschutz. In den Gassen reihen sich Cafés und Geschäfte mit Stil und relativ hohem Preisniveau. Man bekommt hier schönen Schmuck aus korsischen Halbedelsteinen und Koralle. Ein Bummel, eine Kaffeepause, und dem Charme von Erbalunga erliegt man sofort.

5 km nördl. von Bastia

ÜBERNACHTEN
Hotel Castel Brando ▶ S. 24

◎ ÉTANG DE BIGUGLIA E 3/4
Das Naturschutzgebiet um Korsikas größte Lagune ist im Winter ein Zufluchtsort für Wasservögel, sogar Flamingos leben hier. Der fischreiche See ist nur durch eine schmale Landzunge vom Meer getrennt, über deren gesamte Länge sich Bastias Hausstrand, der Lido di Marana, erstreckt.

5 km südl. von Bastia

◎ MACINAGGIO E 1
500 Einwohner

Macinaggio ist der letzte Ort an der Ostküste und der beste Zugang zum Naturschutzgebiet von Capandula, der beinahe unbesiedelten Spitze des Caps. Um den mit 600 Liegeplätzen leicht überdimensionierten Jachthafen gruppieren sich im Sommer die Tische von

Restaurants, Bars und Cafés. Die Jachten liegen Seite an Seite mit den letzten Fischerbooten und den Ausflugsbooten der Linie U San Paulu.

38 km nördl. von Bastia

SEHENSWERTES
Capandula

Bootsausflüge ins Naturschutzgebiet von Capandula, zur Insel Capraia und nach Centuri Port buchen Sie am Hafen bei U San Paulu. Besonders reizvoll sind die Touren mit dem Taxiboot, einem gut motorisierten Schlauchboot für maximal zwölf Personen.

www.sanpaulu.com | Halbtagesfahrt nach Centuri 36 €, Kinder 25 €, Halbtagesfahrt ins Naturschutzgebiet 24 €, Kinder 12 €

Sentier des Douaniers ▶ S. 128

ESSEN UND TRINKEN
Bar U Scalu

Pizza vom Holzofen – Die Tische stehen direkt am Jachthafen. Die Bar serviert einfache Gerichte.

Brando | Tel. 04 95 33 22 62 | €€

Osteria di U Porto

Terrasse am Hafen – Sehr empfehlenswert ist das einfache Menü mit einer guten Auswahl an Gerichten.

Port de Macinaggio | Tel. 04 95 35 40 49 | €€

EINKAUFEN
Boulangerie

Einen vorzüglichen »moelleux à la châtaigne« und weitere korsische Spezialitäten bekommen Sie in der Bäckerei an der Uferstraße. Für Wanderproviant ist also gesorgt.

Domaine Pieretti ⚐ E2

Das Handwerk des Weinbaus wird in der Familie Pieretti seit Generationen gepflegt. Das Anbaugebiet am Cap Corse zieht sich am Fluss entlang und liegt teilweise auch direkt am Meer. Der mitunter recht steinige Boden sorgt für einen frischen Wein. Direktverkauf von April bis September in der Domaine an der Küstenstraße am nördlichen Ortsausgang von Santa Severa.
www.vinpieretti.com
11 km südl. von Macinaggio

◎ **SAN-MARTINO-DI-LOTA** ⚐ E3
2764 Einwohner

Wer hier Quartier nimmt, erlebt wenige Minuten entfernt vom quirligen Bastia ein typisch korsisches Dorf. Die Anfahrt über die Höhenstraße nach San-Martino-di-Lota bietet herrliche Ausblicke über Bastia und das Meer. Das winzige Bergdorf selbst liegt versteckt an den Hängen des Cap Corse und bietet gleich mehrere gute Restaurants und Herbergen.
5 km nordwestl. von Bastia

ÜBERNACHTEN
Château Cagninacci

Ort der Stille – In einem früheren Kapuzinerkloster, das zu einem prächtigen Palast umgebaut wurde, bieten die Geschwister Bertrand und Florence Cagninacci stilvoll möblierte Räume. Beim Frühstück im Garten, im Schatten der Bäume und mit hausgemachter Marmelade, sieht man weit unten das Meer blau schimmern.
Hameau de Mola | Tel. 06 78 29 03 94 | www.chateaucagninacci.com | 4 Zimmer | €€€

Das kleine Fischerdorf Erbalunga (▶ S. 64) hat seine Idylle bewahren können. Die alten Häuser und Gassen am Meer stehen heute unter Denkmalschutz.

La Corniche
Komfortabel – Wer den Service eines Hotels vorzieht, findet am Ortsrand ein kleines, familiäres Haus mit schön eingerichteten Zimmern und ausgezeichnetem Restaurant.

Hameau de Castagneto | Tel. 04 95 31 40 98 | www.hotel-lacorniche.com | 12 Zimmer | €€

ESSEN UND TRINKEN
Bar de la Place
Gepflegt rustikal – Auf der schattigen Terrasse neben der Kirche Platz nehmen, von der Karte ein kleines Gericht und einen Wein aus dem Patrimonio oder dem Süden der Insel auswählen und dabei den Blick hinunter zum Meer genießen – wunderbar.

Lieu Dit Oratoggio | Tel. 04 95 31 82 61 | €€

◎ TOUR DE SÉNÈQUE
Auf der Spitze eines Felsens überragt ein Genueserturm den Col de Santa Lucia bei Pino. Auf den ersten Blick scheint der Aufstieg unmöglich, doch dieser Eindruck täuscht: Von der Kapelle an der Passhöhe steigt man auf einem guten Weg in etwa 45 Min. hinauf. Der Weitblick ist grandios.

44 km nordwestl. von Bastia

ST-FLORENT D3
1700 Einwohner

Im Naturhafen in der Mündung des Aliso liegt ein Boot neben dem anderen, am Ufer reihen sich die Restaurants. Am Fuß der Zitadelle wartet mit der Altstadt und dem Hafen das touristische Zentrum der Stadt. Traumbadeziele in der Nähe sind die Buchten der Désert des Agriates, die mit dem Boot angefahren werden. Zwischen der Stadt und Bastia liegen die grünen Hügel des Nebbio, des bekanntesten Weinanbaugebiets Korsikas. Außerdem werden in der Region auch sehr gutes Olivenöl und Honig produziert.

SEHENSWERTES
Cathédrale du Nebbio
Der romanische Bau (1140) besteht aus glatten Steinquadern. Bemerkenswert ist der Innenraum, er ist mit stilisierten Pflanzen, steinernen Tierfiguren und Fresken geschmückt. Ungewöhnlich sind auch die mumifizierten Reliquien des Hl. Florus, die in der Kirche aufbewahrt werden.

ESSEN UND TRINKEN
L'Arriere Court
Gemütlich und leger – Als »cuisine familiale« bezeichnet das Lokal seine kleine Auswahl meist korsischer Gerichte wie Kanichenragout oder »ravioli au brocciu«. Die Tische stehen in einem urig dekorierten Hinterhof. Der »fondant au chocolat« zum Dessert ist ein echter Schokoladentraum.

Place Lefèvre-Denoettes | Tel. 04 95 35 33 62 | €€

L'Auberge du pêcheur
Im gemütlichen Innenhof der Poissonnerie St-Christophe kommt unter Palmen der Fang des Tages frisch auf den Teller. Die Auberge hat sich schnell einen Namen gemacht, wer ein gutes Fischlokal sucht, ist hier an der richtigen Adresse. Das Restaurant liegt an der Ausfahrtstraße nach Patrimonio. Reservierung unbedingt empfohlen.

Route de Bastia | Tel. 06 24 36 30 42 | www.aubergedupecheur.com

Ziele in der Umgebung

◎ DÉSERT DES AGRIATES   C/D 3

Mehrere einsame Felsbuchten mit feinem weißen Sand und türkisblauem Wasser zieren die Küste der menschenleeren Steinwüste Désert des Agriates. Erreichbar sind die traumhaft schönen Buchten Plage de Lodo und Plage de Saleccia über den Küstenweg »Sentier Litoral des Agriates«, der immer am Meer entlang führt, oder von St-Florent mit dem Badeboot.

Sportliche mieten an der Plage de la Roya ein Kajak und erreichen damit auch die kleineren Buchten und den halben Genuesenturm vor der Plage de Lodo. Zur über einen Kilometer langen Plage de Saleccia werden auch Ausflüge im Jeep organisiert. Beide Strände sind ideal für Familien mit Kindern.

Westl. von St-Florent

◎ NONZA   D 2

70 Einwohner

Der verträumte Ort Nonza am Ende der Uferstraße erleidet im Hochsommer täglich den Verkehrsinfarkt. Zu malerisch sind die Gassen, zu pittoresk die am Hang klebenden Häusern. Allein der Blick vom Wachtturm über das Meer und der schwarze Strand unterhalb der Felsen lohnen, das Auto in der endlosen Reihe an der Straße zu platzieren.

20 km nördl. von St-Florent

ESSEN UND TRINKEN

La Sassa

Für Romantiker – Die Tische des Restaurants stehen auf einer Plattform am Fuß des alten Turms. Wie gut das Essen ist, wird beim Blick übers Meer fast zur Nebensache. Dabei ist die Küche

Zwischen der Désert des Agriates und dem Cap Corse liegt im Golf der Badeort St-Florent (▶ S. 66) mit seiner hübschen Altstadt.

hervorragend: Man serviert Gegrilltes vom Holzfeuer oder Pasta, dazu eine Auswahl regionaler Weine oder kühles korsisches Bier.

Au pied de la tour | Tel. 04 95 38 55 26 | www.castalibre.com/lasassa | €€€

◎ OLETTA ⚑ E 3
51 Einwohner

Der ruhige Bergort Oletta ist das Verwaltungszentrum der Region und liegt mitten im Weinanbaugebiet des Nebbio. Ein schönes Hotel und mehrere Restaurants machen den Ort zum guten Basisquartier.

9 km südöstl. von St-Florent

ÜBERNACHTEN
La Dimora

Erholung und Ruhe – Das Hotel ist ein Ensemble von Natursteinhäusern mit üppigem Garten, Pool und Bar. Das Frühstück ist hier ausgezeichnet.

Route de St-Florent | Tel. 04 95 35 22 51 | www.ladimora.fr | 17 Zimmer | ♿ | €€€€

ESSEN UND TRINKEN
Le Potager du Nebbio ▶ S. 33

EINKAUFEN
L'Eau de Couvent de San Francescu ⚐ ⚑ E 3

Das Eau de Parfum aus den Düften des Klostergartens von San Francescu in Oletta ist ein Werk der Künstlerin Candida Romero. Die Düfte werden nicht direkt vom Kloster vertrieben, sondern können in Apotheken und Läden für Naturkosmetik erworben werden.

Couvent de San Francescu | www.eaudecouvent.com und www.sanfrancescu.com

Poterie du Nebbiu

In den Regalen der Töpferei finden Sie Geschirr mit Glasuren in sanften Erdtönen und intensivem Mittelmeerblau. Töpfer Richard Rousseau steht meist selbst hinter dem Tresen.

Plaine d'Oletta | Lieu Dit Guadoni | an der Straße von St-Florent nach Oletta

◎ PATRIMONIO ⚑ E 3
669 Einwohner

Patrimonio ist Zentrum des Weinbaus und bekam als erste Region Korsikas das A.O.C.-Siegel zugesprochen. Rund um das Dorf bieten über 20 Weingüter ihre Produkte zur Degustation und zum Verkauf an. Die folgenden beiden können wir empfehlen, aber gehen Sie ruhig auch selbst auf Entdeckungstour.

5 km südöstl. von St-Florent

ESSEN UND TRINKEN
Medusa Garden Pub

Selbst gebrautes Bier – Neben dem urigen Gebäude einer alten Whiskybrennerei sitzt man in einem idyllischen Garten etwas abseits der Straße.

Route de l'Église | Tel. 6 23 16 41 25

EINKAUFEN
Domaine Dominici

Ein Tresen zwischen den Metallfässern im Lagerraum, so bietet die kleine Domaine ihren Wein an. Oft und gerne ist es der Patron persönlich, der seine Produkte zur Degustation reicht.

Lieu Dit Canale

Domaine Lazzarini ▶ S. 39

Poterie J. Truchon

Der Ruf von Jacques Truchon reicht weit über Patrimonio heraus. Ausladende Tassen oder schwungvoll verzierte Vasen – alles ist kunstvoll und sorgfältig gearbeitet. Auch einige der schönen Ladenschilder im Ort stammen aus seiner Werkstatt.

Lieu Dit Campo d'Elge | http://jtceram. com | tgl. 14–19 Uhr

◎ SAN MICHELE DE MURATO

E4

Auf einem Hügel im Bergland vor Murato reckt die romanische Kirche aus dem 13. Jh. ihren schlanken Turm in den Himmel. Ihr charakteristisches Zebramuster, das durch den Materialwechsel zwischen Kalkstein und grünem Serpentin erzielt wird, macht die alte Kirche unverkennbar. In den Umrahmungen der Fenster und an den Kapitellen der Eingangssäulen entdeckt man unter anderem keltisch anmutende Muster. Der Turm ist nicht mehr im Originalzustand, er wurde bei einer Restaurierung im 19. Jh. erhöht. Den Schlüssel für eine Besichtigung bekommen Sie im Rathaus in Murato.

Rathaus Murato: Mo–Fr 9–12, 14–17 Uhr 17 km südöstl. von St-Florent

ÜBERNACHTEN

A Mandria

Charmant – Liebevoll geführtes Bed & Breakfast im Steinhaus einer ehemaligen Bergerie im Bergdorf Murato. Im Garten frühstücken Sie auf der traumhaft schönen Terrasse.

Murato | St-Jean | Tel. 04 95 37 66 16 | www.location-corse-amandria.com | 3 Zimmer, 2 Studios | €€–€€€

ESSEN UND TRINKEN

La ferme Campo di Monte ▶ S. 28

Die besten Weine der Insel kommen aus der Region Patrimonio (▶ S. 68). Vor allem die weißen Muscat-Reben sind ausgezeichnet.

CALVI UND DIE BALAGNE

Schon im Mittelalter baute man in der Balagne Wein und Obst an. Über 40 Kilometer zieht sich der »Garten Korsikas« an der Küste entlang. Im Zentrum der Region liegt die Seefahrerstadt Calvi, die auch heute noch einer mittelalterlichen Festung ähnelt.

Malerische Dörfer, umgeben von Obstgärten und Weinbergen, Palmen, Agaven und Feigenkakteen, das ist die Balagne. Der »Garten Korsikas« erstreckt sich von der kargen »Balagne désert« südlich von Calvi über die fruchtbare, grüne »Balagne fertile« bis zur Küstenstadt L'Île Rousse. 40 km lang ist ihr Küstenabschnitt, dessen Strände feinsandig und weiß sind. Die Balagne ist eine der heitersten Landschaften der Insel. Drei schöne Küstenstädte – Calvi, L'Île Rousse und das kleine Algajola – mit stimmungsvoller Altstadt und langer Geschichte, bieten ein attraktives Angebot an Restaurants und Bars und sind im Sommer immer gut besucht.

WEISSE STRÄNDE UND URIGE BERGDÖRFER

Wählt man ein Quartier in der Nähe des Meeres, kann man auch Urlaub vom Auto machen: Die alte Zuglinie der Tramway de Balagne verbindet

◀ Zu Zeiten der genuesischen Herrschaft ein wichtiger Hafen: Blick auf Calvi (▶ S. 71).

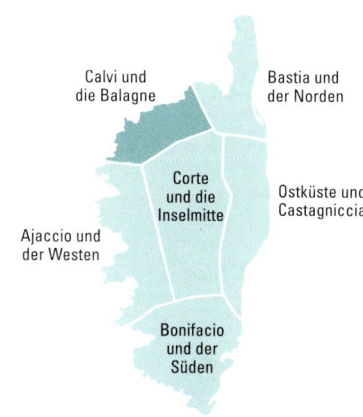

Calvi und die Balagne

Bastia und der Norden

Corte und die Inselmitte

Ostküste und Castagniccia

Ajaccio und der Westen

Bonifacio und der Süden

Calvi mit Île Rousse. Der Zug schaukelt immer an der Küste entlang, hält an allen bewohnten Orten und auch mitten in der Wildnis an einigen abgelegenen Buchten. Verlässt man die Küste, befindet man sich schnell auf den schmalen Sträßchen einer noch recht ursprünglichen Bergwelt. Malerische Orte siedeln auf den Hügeln hinter der Küste oder thronen gar, wie das Bilderbuchdorf **Sant'Antonino**🌟, in spektakulärer Lage auf der Spitze eines Berges. Schmale Gassen, viel zu eng für Autos, und die typischen Steinhäuser prägen Orte wie Pigna, Corbara, Belgodère oder Speluncato.

CALVI
🔵 B 4

6000 Einwohner
Stadtplan ▶ S. 73

So mancher Calvesi nennt seine Heimatstadt stolz »Stadt des Kolumbus«, soll hier doch der genuesische Seefahrer geboren worden sein. Die Zitadelle, die den Ort überragt, wurde 1268 von den Genuesen erbaut. Sie verleiht der Stadt bis heute eine unverwechselbare Silhouette. Das Bild der Stadt prägen ihr jahrhundertealter Kern, die palmengesäumte Promenade und der Hafen, dessen Berühmtheit schon der Grieche Ptolemäus rühmte. Heute treffen hier die großen Autofähren ein. In den Gassen der dahinter gelegenen Unterstadt reihen sich Restaurants und kleine Läden, in der Saison gibt es hier Livemusik bis tief in die Nacht. Gediegener und etwas ruhiger speist man eine Straße weiter oben in der Rue Clé-

menceau oder in der Zitadelle. Der blendend weiße Strand von Calvi beginnt neben dem Jachthafen. Aus der Stadt, die einst zu militärischen Zwecken gegründet wurde, ist längst eine Metropole der Badeurlauber und Jachtbesitzer geworden. Am schönsten ist es hier außerhalb der Hochsaison.

SEHENSWERTES

1 Citadelle

»Civitas Calvi semper fidelis« (»Die Stadt Calvi ist immer treu«) liest man im Stadtwappen über dem Tor der Festung. Die Inschrift ist so alt wie die mächtige Zitadelle. Unter dem Schutz Genuas wurde Calvi ein wohlhabender, gut befestigter Handelshafen. Die mit drei Wällen geschützte genuesische Festung auf dem mächtigen Granitfelsen über dem Hafen galt lange Zeit als uneinnehmbar. Die Bürger der

Stadt nahmen ihren Schwur ernst: Auch in der kurzen Phase der korsischen Unabhängigkeit unter Pascal Paoli blieb Calvi auf Seiten Genuas. Man betritt die Zitadelle von der Place Christophe Colomb und kann sie entlang der Festungsmauern umwandern.

Bucht von Calvi

Sand knirscht unter den nackten Füßen, das Meer rauscht, aus der Stadt ertönt Musik und Lachen. Ein Spaziergang in der Bucht von Calvi hat vor allem nachts seinen besonderen Reiz (▶ S. 13).

❷ Rue Colomb

Eine Tafel aus Marmor an der einzigen noch original erhaltenen Mauer markiert das angebliche Geburtshaus des Christoph Kolumbus. Zu lesen ist dort unter anderem: »Hier wurde 1441 Christophe Colomb geboren, der durch die Entdeckung der Neuen Welt unsterblich wurde.« Der Beweis dafür steht allerdings noch aus.
Citadelle

❸ St-Jean-Baptiste

Die Kathedrale zeigt sich äußerlich schlicht. Im Inneren besticht eine geschnitzte Eichenkanzel. An einem Seitenaltar stehen das Ebenholzkruzifix des in Calvi besonders verehrten Christ de Miracles und die Statue der Jungfrau vom Rosenkranz, die bei der Karfreitagsprozession durch die Stadt getragen wird. St-Jean-Baptiste wurde mehrfach zerstört, die Bausubstanz stammt aus dem Jahre 1570.
Citadelle

ÜBERNACHTEN

❹ Hostellerie d'Abbaye

Heilige Hallen – Komfortable Zimmer im restaurierten Gebäude eines ehemaligen Franziskanerklosters. Altstadt und Hafen sind leicht zu Fuß erreichbar, Frühstück im schönen Garten. Montée de l'Abbaye BP 18 | www.hostellerie-abbaye.com | 43 Zimmer | €€€

❺ Magnolia

Oase in der Altstadt – Ein Tor gewährt Einlass in ein grünes Paradies mit einladend gedeckten Tischen, die sich rund um einen riesigen Magnolienbaum gruppieren. Eine schmale Treppe führt in einer Nische des Hofes zur Rezeption des Hotels. Die Zimmer sind nicht allzu groß, aber liebevoll eingerichtet. Das richtige Quartier, wenn Sie am Abend in Calvi ausgehen möchten. Rue Alsace Lorraine | www.hotel-le-magnolia.com | 10 Zimmer | €€

ESSEN UND TRINKEN

RESTAURANTS

❻ Le Magnolia

Idyll am Altstadtrand – Die Tische verteilen sich um einen uralten Magnolienbaum. Fischgerichte und korsische Spezialitäten. Mehrere Menüs in verschiedenen Preisklassen. In der Nähe der rosafarbenen Kirche Ste-Marie-Majeure. Rue Alsace Lorraine | Tel. 04 95 65 19 16 | www.hotel-le-magnolia.com | €€

❼ Le Tire Bouchon ▶ S. 29

❽ Via Marina

Pizza, Pasta und Gegrilltes – Der Blick auf die Marina beschränkt sich zwar auf wenige Tische auf der hinteren Terrasse, aber auch vorne an der Rue Clémenceau sitzt man sehr gut. Modern gestyltes Restaurant mit lockerer Atmosphäre und sehr guter Küche.

20 Rue Clémenceau | Tel. 06 14 84 70 57 | €€

BAR

⑨ Chez Tao

Pianobar mit Geschichte – Seit 1924 in der Zitadelle. Tische auf kleinen Terrassen mit tollem Ausblick. Gute Stimmung und Cocktails sowie in der Saison abendlich Livemusik.

Rue St-François | Tel. 04 95 65 00 73 | €€€

SERVICE
AUSKUNFT
Office de Tourisme de Calvi ▶ S. 73, b 3

Port de Plaisance, BP 97 | Tel. 04 95 65 16 67 | www.balagne-corsica.com

Ziele in der Umgebung

◎ **ALGAJOLA** 🏴 **B 4**
296 Einwohner

Die ehemalige phönizische Siedlung liegt auf halber Strecke zwischen Calvi und Île Rousse und hat bis heute ihr wehrhaftes Aussehen bewahrt. Sehenswert sind die Reste der Stadtmauer und die kleine Altstadt mit Zitadelle. Die Aregno Plage beginnt direkt am Stadtrand, am Strand bläst oft eine steife

Brise, weshalb die Bucht bei Surfern besonders beliebt ist.

10 km nördl. von Calvi

ESSEN UND TRINKEN
Le Padula

Gute mediterrane Küche – Direkt am Strand. Auch an der Aregno Plage stehen die Tische der Restaurants mit den Füßen im Sand. Besonders einladend ist das Le Padula mit Auswahl zwischen Pizza, Pasta, gegrilltem Fisch und einigen Fleischgerichten.

Plage d'Aregno | Tel. 04 95 60 75 22 | €€

U Columbu

Typisch korsisch – Sehr angenehmes kleines Lokal mit freundlichem Team und einer hervorragenden Auswahl korsischer Spezialitäten, Fisch und Muscheln. Die Portionen sind großzügig – verpassen Sie dennoch keinesfalls die hausgemachten Desserts!

4 Rue Marina | Tel. 04 95 60 71 43 | €€

◎ LUMIO   B 4
1040 Einwohner

Bei Lumio entfernt sich die N197 vom Meer. Die Häuschen des gut restaurierten Ortes ziehen sich am Hang hinauf und lohnen einen kleinen Bummel oder einen Caféstopp nach dem Besuch in Occi, einem verlassenen Dorf oberhalb von Lumio.

Der örtliche Strand, die **Arinella Plage**, liegt einige Kilometer entfernt und besteht aus einem dekorativen Gemisch aus Felsen und kleinen Sandbuchten. Ein Spaziergang hier ist wunderbar, genauso wie der herrliche Blick vom Strandrestaurant auf die Zitadelle von Calvi.

10 km nordwestl. von Calvi

ESSEN UND TRINKEN
Mata Hari ▶ S. 29

Innehalten im Paradies der Eidechsen von Occi   4

Innehalten im Paradies der Eidechsen: Das Bergdorf Occi ist längst verlassen, die Häuser sind bröckelnde Ruinen. In den Mauerritzen leben Eidechsen, ein Milan zieht über der Kirche seine Kreise, Stille ist in Occi eingezogen. Ein besonderer Zauber geht von diesem Ort aus, den sich allmählich die Natur rückerobert (▶ S. 13).

◎ VALLÉE DU FANGO   A/B 5

Zwei Straßen führen von Calvi nach Galéria: die kurvige schmale Küstenstraße und die bequeme D 81 durch das Hügelland der »Balagne désert«. Ziel ist der Fluss Fango, der bei Galéria ins Meer mündet. Im Sommer kann man das Mündungsdelta am Ricinccia-Strand mit dem Kanu befahren. Westlich des Weilers Tuarelli bildet der Fluss tiefe Gumpen zwischen steil abfallenden Felsen und dicken Steinbrocken und eignet sich hervorragend zum Baden (▶ S. 52).

30 km südl. von Calvi

L'ÎLE ROUSSE   C 4
3200 Einwohner

Ihren Namen verdankt die Stadt der roten Felseninsel, die durch einen Damm mit dem Festland verbunden ist. »Isola Rossa«, so der korsische Name der Stadt, wurde 1758 von Pascal Paoli als Handelshafen und als Gegenspielerin zum genuatreuen Calvi ge-

gründet. Die Planung auf dem Reiß-
brett erkennt man heute noch an
der schachbrettartigen Anordnung der
Altstadtstraßen. Ihren Gründer ehrt
Isola Rossa mit einem Denkmal auf der
zentralen Place Paoli.
L'Île Rousse ist heute ein quirliger
Ferienort mit Charme. Der schmale
Ortsstrand beginnt neben den Häusern der Stadt und verwandelt sich
im Sommer in eine ungewöhnliche
Location für ein romantisches Abendessen: Statt Liegen und Schirmen stellen die Wirte der Strandrestaurants
Tische und Stühle ans Meer. Weitere
Restaurants finden Sie um die stets
lebhafte Place Pascal Paoli und in den
autofreien Gassen der Altstadt.

SEHENSWERTES

La Pietra

Ein Spaziergang führt hinauf zum
alten Leuchtturm mit schönem Blick
auf die Stadt, Hafen und die vorge-
lagerten Inselchen.

Markthalle

21 Säulen tragen das Dach der offenen
Markthalle, die auch auf einer griechischen Insel stehen könnte. Das alteh-
würdige Gebäude ist voller Leben: Am
Morgen wird hier Obst und Gemüse
verkauft, am Abend spielt man Boule.
Rue Paoli

Parc de Saleccia

Auf dem 7 ha großen Gelände einer
Olivenplantage, die 1974 bei einem
Feuer zerstört und aufgegeben wurde,
ist in jahrelanger Arbeit der einzige
Landschaftsgarten Korsikas entstanden. Im Frühsommer wandelt man
durch ein Meer von Blüten, selbst im
trockenen Hochsommer ist der schön
strukturierte Garten mit typischen
Macchiabüschen zwischen dicken
Steinbrocken, kleinen Teichen und
den herausragenden schlanken Silhou-
etten der Zypressen eine Augenweide.
Gepflegte Wege führen durch die Anlage, an der Spielwiese mit Rutsche und
Schaukel stehen Picknickbänke unter
knorrigen Olivenbäumen.
Von Mitte Mai bis Ende Juni stehen
die Pflanzen im Park in voller Blüte.
Der Park liegt an der N197, 4 km nördl.
von Île Rousse | www.parc-saleccia.fr |
April–Okt. Di–So 9.30–19, Juli, Aug. Mo
14–19.30, Di–So 10–19.30 Uhr | Eintritt
8,50 €, Kinder 6,50 €

ESSEN UND TRINKEN

L'Abri des Flots

Mit Hafenflair – Kleine Speisekarte,
dafür ist alles frisch zubereitet und bester Qualität. Terrasse mit Meerblick.
Etwas abseits der Stadt auf der roten
Insel am Fähranleger.
Route du Port | Tel. 04 95 56 59 24 | €€

La Bodega

Ein Platz zum Wohlfühlen – Gemüt-
liches Restaurant in einer Gasse der
Altstadt. Fisch vom Grill, aber auch
Fleischgerichte und Tapas.
7 Rue Napoléon | Tel. 04 95 33 20 97 | €€

La Marinella

Füße im Sand – Eines der beliebtesten
Strandrestaurants. Mediterrane Küche
mit Pasta-, Fleisch- und auch einigen
Fischgerichten. Es stehen drei Menüs
zur Auswahl.
Promenade de la Marinella | Tel.
04 95 60 28 36 | www.restaurant-
marinella.com | €€

Le Bar à Fruits

Hausgemachte Burger – Wer in L'Île Rousse einen schnellen Snack sucht, findet an der quirligen Place Paoli mit diesem Lokal eine gute Adresse. Burger, Pommes frites, Salat und Säfte – hier ist alles hausgemacht.

3 Place Pascal Paoli | Tel. 04 95 58 84 42 | €€

U Spuntino

Authentisch korsisch – Einfache Tische stehen unter einem Kreuzgewölbe wie auch draußen unter der Straßenmarkise, Köstliches wird darauf serviert: Die »assiette géante«, ein Riesenteller mit Kostproben korsischer Spezialitäten, ist der Hit des U Spuntino. Wer neugierig auf die hiesige Küche ist, sitzt hier genau richtig.

1, rue Napoléon | Tel. 04 95 60 00 05 | www.restaurant-spuntinu.com | €€

EINKAUFEN

Biscuiterie Artisanale Salvatori

Verführerischer Duft weht aus der Backstube in den Verkaufsraum der Biscuiterie Salvatori. Der Blick in die Backstube ist Gästen gerne erlaubt. In den Regalen warten traditionell gebackene »canistrelli« – pur oder mit Schokolade, Nüssen oder Anis. Sehr zu empfehlen ist auch die köstliche Biskuitkreation mit Kastanienmehl. Glutenfrei übrigens, was Allergiker sicher zu schätzen wissen.

Place du Canon

SERVICE

AUSKUNFT

Office de Tourisme de L'Île Rousse

Avenue Calizi | Tel. 04 95 60 04 35 | www.ot-Île-rousse.fr

Ziele in der Umgebung

CORBARA   B 4

923 Einwohner

Den ehemaligen Hauptort der Balagne können Sie bequem mit einem Audioguide durchwandern. Der Höhepunkt der Besichtigung ist die Ruine des Castel de Corbara, dem ehemaligen Sitz der einflussreichen Familie Savelli.

5 km südwestl. von Île Rousse

SEHENSWERTES

Couvent de Corbara

Das 1456 von Franziskanern gegründete Kloster wurde Mitte des 19. Jh. von Dominikanermönchen übernommen und restauriert. Die Frères de Saint Jean, die hier leben, ermöglichen mit Anmeldung eine Besichtigung. Die Kirche ist auch außerhalb der Führung offen. Eine Übernachtung oder ein Wochenende im Kloster ist ebenfalls möglich.

Besichtigung nach Anmeldung Fr–Mi 15 Uhr | Tel. 04 95 60 06 73

2 km südl. von Corbara

Musée de Guy Savelli

Die sehenswerte Sammlung des Monsieur Savelli illustriert die Geschichte Korsikas: alte Dokumente, Gemälde, Musikinstrumente, korsische StÎlette und Pistolen aus der Zeit vom 12. bis 17. Jh. Das Museum befindet sich in seinem Haus in der Nähe der Kirche.

Place de l'Église | tgl. 15–18 Uhr | Eintritt frei

FELICETO   C 4

162 Einwohner

Feliceto ist einer jener Weiler, in denen sich die typisch korsische Dorfatmosphäre erhalten hat. Die Rotweine der hiesigen Domaine Renucci gewinnen regelmäßig Preise, auch das hier produzierte Olivenöl ist von bester Qualität und sehr zu empfehlen.

19 km südl. von Île Rousse

EINKAUFEN

La Verrerie Corse

Fragile Kreationen entstehen unter den Händen des Glasbläsers David Campana, der das Atelier seines Vaters im Bergdorf Feliceto übernommen hat. Im Atelier neben dem Laden können Sie dem Künstler bei der Arbeit zusehen.

Lieu Dit Chioselle | Mo, Mi–Sa 10–12 und 15–18 Uhr | www.verrerie-corse.com

LAMA   D 4
130 Einwohner

Eine Initiative für sanften Tourismus hat aus dem aussterbenden Bergdorf

ein gefragtes Urlaubsziel gezaubert. Heute ist Lama ein schmuckes Dorf mit gepflegten Gassen. Einsam gelegen und trotzdem gut zu erreichen, in schöner Hanglage nur wenige Kilometer vom Meer und mit einem schönen Hotel zum Ausspannen und Erholen.

36 km östl. von Île Rousse

ÜBERNACHTEN

Case Latine

Stille und Komfort – Kleines Hotel in einem Steinhaus mit gemütlichen Nischen, großzügigen Suiten, tollem Pool und grandiosem Blick im romantischen Bergdorf Lama. Frühstück und Abendessen im angrenzenden Restaurant. Halbpension möglich.

Route du Haut Village | Tel. 04 95 46 84 11 | www.caselatine.com | 5 Suiten | €€€€

367 m hoch im Hinterland der Balagne liegt das Dörfchen Feliceto (▶ S. 76), von dem aus sich ein herrlicher Blick auf die Umgebung bietet.

◎ PIGNA  B 4

100 Einwohner

Weiß getünchte Häuser mit blauen Fensterläden und Blumenschmuck, davor steingepflasterte Gassen, viel zu schmal für Autos und ein beliebter Tummelplatz der Dorfkatzen. Das kleine Pigna ist ein Künstlerdorf, zahlreiche Kunsthandwerker haben sich hier angesiedelt. Die Türen der Galerien, der Töpferwerkstatt und der Ateliers stehen meist offen, Besucher sind willkommen.

Von Pigna ging in den 1960er-Jahren die Initiative zur Gründung der »corsicada« aus. Heute ist der Ort das Zentrum dieser Bewegung, die überall auf der Insel das Kunsthandwerk, alte Produktionstechniken und den Direktverkauf von auf der Insel produzierten Qualitätsprodukten fördert und organisiert. Auch bei der Wiederentdeckung des korsischen Liedgutes spielte Pigna und die hier ansässige Casa Musicale eine wichtige Rolle.

8 km südwestl. von Île Rousse

ÜBERNACHTEN

Casa Musicale ▶ S. 24

ESSEN UND TRINKEN

A Moresca X 0

Ein Sommernachtstraum – Von den kleinen Terrassen des A Moresca hat man denselben genialen Ausblick wie vom Café A Casarella gleich nebenan, und der Blick auf den Sonnenuntergang verzaubert nicht nur romantische Seelen. Die Speisekarte bietet einfache Gerichte aus besten lokalen Zutaten.

Village de Pigna | Tel. 04 95 55 64 53 | April–Sept. tgl. 11–15, 18–22 Uhr

---

Café A Casarella 5

Für viele ist dies das schönste Café Korsikas. Nehmen Sie Platz auf der Terrasse mit Ausblick über die Küste und genießen Sie das süße Nichtstun bei Tapas, Kuchen oder Aperitif (▶ S. 14).

◎ SANT'ANTONINO   B 4

94 Einwohner

Der Inbegriff eines korsischen Bergdorfes! Wie ein Adlerhorst thront Sant' Antonino in 450 m Höhe auf einem Felsen im hügeligen Hinterland der Balagne. Die engen Tunnel und Treppen zwischen den 75 Granithäusern sind für Fußgänger und Esel konzipiert – Autos bleiben unten vor dem Dorf auf dem Parkplatz.

Im 9. Jh. erbaut, fanden Bauern aus dem Umland hier Zuflucht, wenn am Horizont die Schiffe sarazenischer Piraten auftauchten. Die dicken Mauern und ihr Gewirr schmaler Gassen machten die Siedlung zur beinahe uneinnehmbaren Festung. Sant'Antonino und Piana im Golf von Porto sind die beiden einzigen Dörfer auf Korsika, die sich mit der Auszeichnung der »plus beaux villages de France« schmücken dürfen.

Steigt man vom Platz vor der Kapelle durch den Irrgarten der Gassen hinauf, erreicht man am höchsten Punkt des Dorfes ein Aussichtsplateau mit fantastischem Rundumblick. Von hier oben genießt man einen herrlichen Blick auf das Regino-Tal, die hügelige Balagne, das Hochgebirge und das Meer. Besser kann ein Ausguck nicht sein.

13 km südöstl. von Île Rousse

Esel sind im winzigen Bergdorf Sant'Antonino (▶ S. 78) ein gewohnter Anblick, denn Autos haben zwischen den 75 Granithäusern keinen Platz.

ESSEN UND TRINKEN

A Stalla

Terrasse mit Ausblick – Eine Etage über den Straßen des Dorfes sitzt man angenehm kühl und luftig unter einem grünen Dach aus wildem Wein. Sehr empfehlenswert ist die »assiette découverte« mit verschiedenen korsischen Spezialiäten.
Tel. 04 95 61 33 74 | €€

I Scalini

Traumhaft – Schöner lässt sich korsisch-mediterrane Küche kaum genießen. Eine Treppe führt hinauf ins Restaurant und hinaus auf die Terrasse. Dort sitzt man luftig zwischen bunten Polstern und hat einen atemberaubenden Blick auf Berge und Meer.
Tel. 04 95 47 12 92 | €€

La Taverne Corse

Üppiges Mahl – Lammragout mit Macchiakräutern, Wildschwein mit Myrte oder Kalbfleisch mit Oliven: In dieser Taverne kommen die Aromen der Insel zur vollen Entfaltung. Zum Abschluss sollten Sie das »tiramisu à la chataigne« nicht versäumen.
Piazza Centrale | Tel. 04 95 61 70 15 | €€

AJACCIO UND DER WILDE WESTEN

Französisches Flair in der Inselhauptstadt Ajaccio,
schroffe rote Felsen im Golf von Porto, raue endlos lange Sandbuchten
und grüne Hügel bei Sagon: Der Westen Korsikas ist
eine Region der Kontraste.

Drei tief eingeschnittene Buchten prägen die Küste im Westen Korsikas. Nördlich des Golfe d'Ajaccio folgt der abgelegene Golfe de Sagone mit langen Sandbuchten, an denen an windigen Tagen die Brandung kräftig tobt. Am oberen Zipfel der Bucht bietet das griechisch geprägte Städtchen Cargèse ein lohnenswertes Ziel, bevor die Küstenlinie sich dramatisch verdichtet. Steile Felsen aus rotem Porphyr stürzen im Golfe de Porto fast senkrecht ins Wasser und bilden mit ihren skurril verwitterten Formen das Weltnaturerbe der **Calanche** 🔺 und das Naturschutzgebiet von Scandola. Nicht weniger schroff türmen sich hinter dem Meer die Berge. Die wildromantische Speluncaschlucht, das sanftere Waldgebiet des Fôret d'Aitone um den Bergort Evisa und die Bergregion am Col de Vergio, den

◄ Mondän und mit französischem Flair,
so begrüßt Ajaccio (▶ S. 81) die Besucher.

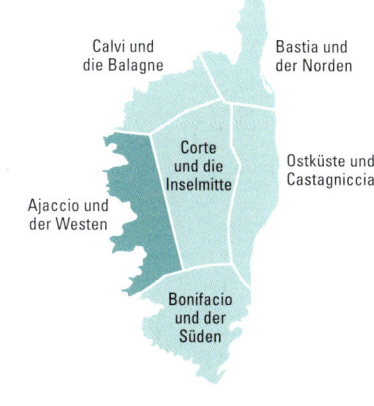

Calvi und
die Balagne

Bastia und
der Norden

Corte
und die
Inselmitte

Ostküste und
Castagniccia

Ajaccio und
der Westen

Bonifacio
und der
Süden

höchsten Pass der Insel, bieten viele lohnende Wanderziele.

Das politische Zentrum der wilden Westküste ist die Inselhauptstadt Ajaccio. Die Stadt ist der einzige Ort auf Korsika mit urbaner Ausstrahlung. Nur hier gibt es Boutiquen mit großen Schaufenstern, breite Alleen mit lebhaftem Verkehr und Parkhäuser.

AJACCIO ⚓ B 9

65 000 Einwohner
Stadtplan ▶ Klappe hinten

Die Hauptstadt Korsikas liegt am Ufer des gleichnamigen Golfs von Ajaccio und direkt am Meer. Der Sandstrand beginnt noch im Stadtbereich gleich an der Zitadelle. Dahinter führt eine prächtige Uferpromenade mit hohen Palmen stadtauswärts. Das stimmungsvollste Viertel Ajaccios ist jedoch die Altstadt, ebenfalls am Fuß der Zitadelle gelegen. Eng aneinandergedrängte Häuser beherbergen kleine Läden, Cafés und Restaurants. Dahinter beginnt die moderne Stadtmitte mit Boutiquen und Geschäften. Eine schöne Straße zum Bummeln und Einkaufen ist die Rue de Cardinal Fesch, die an der Maison Napoleon vorbeiführt. Spätestens auf der palmengesäumten Place de Gaulle am Rande der Altstadt begegnen Sie Ajaccios berühmtestem Sohn: Napoleon Bonaparte ist hier geboren. Hoch zu Ross thront er, umgeben von seinen Brüdern, auf dem größten Platz im Zentrum der Stadt und bleibt auch auf einem Rundgang durch Ajaccio stets präsent. Besonders, wenn Sie zufällig im August dort eintreffen. Napoleons Geburtstag am 15. August wird auch heute noch ausgiebig gefeiert.

SEHENSWERTES

❶ Chapelle Impériale

Im rechten Flügel des Palais Fesch ließ Napoleon III. nach dem Tod des Kardinals eine Kapelle im Stil der Neorenaissance einrichten. Hier fanden nicht nur Kardinal Fesch, sondern auch Letizia Ramolino und Carlo Bonaparte, die Eltern des ersten Napoleon, sowie sieben weitere Mitglieder der Familie Bonaparte ihre letzte Ruhestätte.

Rue Fesch, Eingang über dem Museum

❷ Citadelle

Errichtet zwischen 1554 und 1559 von französischen und genuesischen Verwaltern der Stadt, ist die Zitadelle von Ajaccio das einzige Wehrgebäude dieser Zeit, das immer noch in militärischer Nutzung ist. Bewundern kann man sie daher nur von außen.

➌ Notre Dame-de-l'Assomption

Außen schlicht orange-weiß, innen üppig mit Gold und Marmor ausgestattet, so präsentiert sich die 1582 bis 1593 errichtete Kathedrale von Ajaccio. Auch hier treffen wir auf die Familie Bonaparte: Der kleine Napoleon wurde am 21. Juli 1771 in dieser Kirche getauft. Vor dem Bau der Chapelle Impériale bestattete man die Mitglieder der Familie Bonaparte in der Familiengruft in der Kathedrale.

Rue Forcioli Conti | tgl. 8–11.30 und 14.30–18 Uhr | Eintritt frei

MUSEEN UND GALERIEN

➍ Maison Napoleon

Das Haus in Ajaccio, in dem Napoleon am 15. August 1769 geboren wurde und in dem er und seine sieben Geschwister aufwuchsen, war über Generationen im Besitz der Familie Bonaparte. So lag es nahe, daraus ein Museum zu machen. Die Räume wurden 1852 durch Napoleon III. renoviert und neu eingerichtet. Büsten und Gemälde der Familienmitglieder illustrieren die wechselvolle Geschichte der Familie Bonaparte, die das Museum dokumentiert.

Rue Saint Charles | April–Sept. Di–So 10.30–12.30 und 13.15–18, Okt.–März nur bis 16.30 Uhr | Eintritt 7 €, bis 26 Jahre Eintritt frei | www.musee-maison bonaparte.fr

➎ Musée de Corse A Bandera

Ein Fresko mit den bedeutendsten Persönlichkeiten Korsikas ziert die Mauern des Museums für korsische Geschichte. Von der Megalithkultur über die Überfälle sarazenischer Piraten bis zum Unabhängigkeitskrieg erleben Sie in den ersten drei Räumen prägende

Stationen der Inselgeschichte. Die Rolle der Korsen in den Weltkriegen sowie die korsische Résistance gegen das nationalsozialistische Deutschland sind Thema der letzten beiden Säle.

1 Rue Général Levie | Juli–Sept. Mo–Sa 10–19, So 10–13, Okt.–Juni Mo–Sa 10–17 Uhr | Eintritt 5 € | www.musee-abandera.fr

➏ Musée Fesch

Das Erbe des Kardinals Fesch gilt als eine der wichtigsten Sammlungen italienischer Malerei zwischen dem 15. und dem 18. Jh. Er vermachte sie bei seinem Tod im Jahre 1839 seiner Heimatstadt Ajaccio. Im prunkvollen Gebäude des alten Palais Fesch hängen Werke von Tizian, Veronese, Fra Bartolomeo, Botticelli oder Bellini. Ergänzt wird die Kunst durch Werke flämischer und holländischer Künstler.

50–52 Rue Cardinal Fesch | Okt.–April Mo, Mi, Sa 10–17, Do, Fr, So 12–17, Mai–Sept. jeweils 1 Std. länger, Juli und Aug. bis 20.30 Uhr | Eintritt 8 € | www. musee-fesch.com

ESSEN UND TRINKEN

➐ A Nepita

Lokale Berühmtheit – Abseits der Touristenpfade am Justizpalast in einer Straße mit mehreren Restaurants gelegen, ist das A Nepita eine der beliebtesten Adressen Ajaccios. Man serviert mittags und abends ein einziges Menü mit jeweils zwei Gerichten zur Wahl. Küchenchef Simon kocht mit Hingabe, Gespür, Raffinesse und allerbesten Zutaten vom Markt.

4 Rue San Lazaro | Sept.–Juli Mo–Fr mittags, Di–Sa abends | Tel. 04 95 26 75 68 | €€€

Während Gäste unterhalb der Zitadelle (▶ S. 81) von Ajaccio das Strandleben genießen, verrichten im Wehrturm oberhalb noch heute Soldaten ihren Dienst.

8 Le 20123

Originell und gemütlich – Das verlassene Dorf Pila Canale – seine Postleitzahl lautet 20123 – ist in der Rue de Rome auferstanden. Ländlicher Dekor und eine Speisekarte wie von Großmuttern geschrieben. Die Zeit vergeht etwas langsamer zwischen den rustikalen Holztischen (▶ S. 51).

2 Rue Roi de Rome | Tel. 04 95 21 50 05 | www.20123.fr | €€€

9 Le Papacionu

Beste Pizza der Stadt – Angenehme Pizzeria in einer kleinen Gasse der Altstadt, gute Atmosphäre, charmanter Service und große Portionen. Immer gut besucht.

16 Rue St-Charles | Tel. 04 95 21 27 86 | €€

EINKAUFEN

Bei einem gemütlichen Bummel durch die autofreie Rue Fesch entdecken Sie rechts und links der Straße Kunsthandwerk und kleine Boutiquen, ein Musikgeschäft mit vielen korsischen CDs und einige Juweliere. Im Lädchen Naturellement in der Hausnummer 29 gibt es Parfüms und Bio-Kosmetik.

🔟 Les Pierres de Corse

Neben der roten Koralle, dem typisch korsischen Schmuckstück, werden hier Halbedelsteine aus allen Regionen der Insel verarbeitet. In einer Fassung aus Silber oder Gold fein und sorgfältig zu Anhänger, Brosche oder Ring gearbeitet, nehmen Sie ganz besondere Andenken an Korsika mit nach Hause.

23 & 36 Rue Fesch | www.lespierres decorse.com

⓫ Marché des producteurs 🧍‍♂️🧍‍♀️

Jeden Vormittag auf der Place Foch in zentraler Lage zwischen dem Port de Plaisance und der Altstadt. Gemüse, Obst, Käse, Charcuterie, Oliven und Tapenade, Nougat oder Gebäck wie die süßen »beignets au brocchiu« oder salzig gefüllte »bastelles« – die Auswahl ist umfassend. Gegenüber, in der »halle aux poissons« neben dem Rathaus, wird am Morgen der Fang des Tages angeboten.

Place Foch

SERVICE

AUSKUNFT

Office de Tourisme ▸ Klappe hinten, e 4
3 Boulevard Roi Jérôme | Tel. 04 95 51 53 03 | www.ajaccio-tourisme.com

Bootsausflüge 🧍‍♂️🧍‍♀️

Am Jachthafen unterhalb der Zitadelle starten die Boote zu den Îles Sanguinaires, das Taxiboot zum Badeort Porticcio und die Ausflugsfahrten nach Bonifacio oder in den Golf von Porto.

www.naveva.com

Zugfahrten 🧍‍♂️🧍‍♀️

Am Übergang zur Place Foch warten die kleinen weißen Touristenzüge, mit

denen Sie sich bequem einen ersten Überblick über Ajaccio verschaffen können. Neben der klassischen Altstadttour zuckeln die Züge auch im Sightseeingtempo bis zur Pointe de la Parata: eine echte Alternative zur Fahrt im Pkw.

Tickets 10 €, Kinder 4 € | www.petit-train-ajaccio.com

Ziele in der Umgebung

◎ A CUPULATTA 🧍‍♂️🧍‍♀️ 🚩 C 8

170 Arten leben im größten Schildkrötenpark Europas, von tropischen Exemplaren über die auf Korsika heimische Tortue d'Hermann bis zu den Riesenexemplaren der Seychellen- und Galapagosschildkröte. Das Zentrum engagiert sich auch in Zucht und Forschung. Mit etwas Glück kann man in der Aufzuchtstation frisch geschlüpfte Schildkröten sehen.

Ucciani, A Cupulatta, Véro (bei km 21 an der N 1) | April–Okt. tgl. 10–17, Mai–Sept. 10–19 Uhr | Eintritt 10 €, Kinder 6 € | www.acupulatta.com
20 km nördl. von Ajaccio

◎ ÎLES SANGUINAIRES 🚩 A 9

Der Name der vier kleinen Felseninseln an der Landspitze zwischen dem Golf von Ajaccio und dem Golf von Sagone wird gern als »Blutinseln« übersetzt. Sie sind mit dem Boot leicht zu erreichen, Touren lassen sich buchen bei: Nave va | Abfahrt tgl. 15, zurück um 18 Uhr | 25 €, Kinder 12 € | www.naveva.com. Kurz bevor die Sonne ins Meer versinkt, reflektieren die Inseln das Licht und leuchten dramatisch und blutrot. Besonders romantisch ist der Platz am Turm oder der Spaziergang um die Halbinsel im Abendlicht.

Sonnenuntergang bei den Îles Sanguinaires

Kurz bevor die Sonne im Meer versinkt, reflektieren die Inseln das Licht und leuchten dramatisch und blutrot. Besonders romantisch ist der Platz am Turm oder der Spaziergang um die Halbinsel im Abendlicht (▶ S. 14).

◎ PARC AVENTURE ACCRO-BRANCHE VÉRO ⚑ C 8

Einer der größten Hochseilgärten der Insel mit 14 Parcours. Die einfachsten haben gehobenes Spielplatzniveau und eignen sich auch schon für die Jüngsten, die anspruchsvollsten verlangen Mut und sportlichen Einsatz und schaukeln 10 m hoch zwischen den Baumwipfeln. Die Zufahrt ist von der N 193 ausgeschildert.

Juni–Sept. tgl. 10–19, Mai und Sept. Sa, So 10–19 Uhr | 4-Std.-Ticket 22 €, Kinder 12–18 € | www.revesdecimes.fr
20 km nördl. von Ajaccio

◎ PORTICCIO ⚑ B 9

3100 Einwohner

Der Badeort im südlichen Bogen des Golfe d'Ajaccio ist ein beliebtes Wassersportzentrum. Die Häuser ziehen sich an der Uferstraße entlang, auf deren anderer Seite ein feiner Sandstrand lockt. Für Familien bietet hier das einzige Spaßbad Korsikas Abwechslung vom Meer. Sechs rasante Wasserrutschen sind die Attraktion des **Aqua Cyrne Gliss** 🧍 (www.acqua-gliss.com, Eintritt 20 €, Kinder 16 €)
10 km südöstl. von Ajaccio

Die Stadt Cargèse (▶ S. 86) wurde von griechischen Einwanderern gegründet. Noch heute beeindruckt hier die griechisch-orthodoxe Kirche mit ihren Ikonen und Heiligenbildern.

◎ SAGONE ⚑ B 7

800 Einwohner

Lang gestreckter Ferienort hinter einer Sandbucht. Weitere Strände erstrecken sich an der Mündung des Liamone und der Liccia, wo der am besten geschützte Strand des Golfe de Sagone zu finden ist.

34 km nordwestl. von Ajaccio

CARGÈSE ⚑ A 7

1200 Einwohner

1774 von griechischen Einwanderern gegründet, hat sich Cargèse seinen eigenen Stil bewahrt. Im Ortskern stehen sich zwei Kirchen gegenüber: Die griechisch-orthodoxe Kirche mit einem tiefblauen Sternenhimmel in der Kuppel und vier griechischen Ikonen wirkt freundlich. Strenger geht es gegenüber hinter der gelb-weißen Fassade der römisch-katholischen Kirche zu. Einen schönen Kirchplatz mit kleinem Mäuerchen und bestem Blick über den Golf von Sagone haben sie beide.

ESSEN UND TRINKEN

RESTAURANTS

A Volta

Von der Terrasse des Restaurants mit Gelateria neben der katholischen Kirche hat man den gleichen tollen Blick aufs Meer wie vom Kirchplatz. Dazu verwöhnt das A Volta mit preisgekrönten Eiskreationen.

Place de l'église latine | www.a-volta. com | €€

Le Cabanon de Charlotte

Edle Küche am Hafen – Gepflegtes Restaurant mit schöner Terrasse in bester Lage unten am Hafen. Kleine Auswahl an sorgfältig und frisch zube-

reiteten Gerichten à la carte, ein Menü mit korsischen Spezialitäten und ein »menu de mer«.

Port de plaisance | Tel. 06 81 23 66 93 | €€€

Restaurant A Piaghja

Essen am Meer – Angenehmes Strandrestaurant an der Plage de Péru. Auf der einfachen Holzterrasse werden gute Fischgerichte, aber auch Pizza und Crêpes serviert. Gute Stimmung und freundliches Personal.

Route du Peru | Tel. 06 34 52 25 31 | €€

EINKAUFEN

Epicerie de Leca

Olivenöl, Kastanienmehl und sogar ein korsischer Whisky stehen in den Regalen des Ladens. An einigen Tischen vor dem Haus werden Kostproben des Sortimentes als »assiette de charcuterie« oder »assiette de fromage« serviert.

Rue Colonel Fieschi

PIANA ⚑ A 6

455 Einwohner

Vor der großartigen Kulisse der **roten Felsnadeln der Calanche** ⭐ wirkt Piana mit seinen aneinandergeschmiegten ockerfarbenen Steinhäusern besonders reizvoll. Der kleine Bergort zählt zu den schönsten Dörfern Frankreichs. Eine Auswahl an Restaurants und Cafés, die durchweg gute Qualität bieten, und das charmante Gewirr an schmalen, gepflasterten Gassen zwischen alten Steinhäusern machen den Ort zu einem beliebten Ausflugsziel und Basisquartier nahe der Calanche.

ÜBERNACHTEN

Hotel Les Roches Rouges ▶ S. 24

ESSEN UND TRINKEN

Café de la Plage  A7

Traumplatz am Strand – Die Terrasse ist grandios: eine gemütliche Ecke mit Sofas aus Schwemmholz für den Aperitif, dazu Tische unter schilfgedeckten Schirmen und grünen Palmwedeln. Ausgewogene Karte mit raffinierten Fisch- und Fleischgerichten. Krebse und Langusten kommen aus dem Vivier, und Ihren Fisch wählen Sie selbst an der Theke.

Plage d'Arone | Tel. 4 95 20 17 27 | www. lecafedelaplage.com | €€€€
11 km südl. von Piana

La Voute

Gute Küche zu fairem Preis – In einem der Altstadthäuser hinter der Kirche, zur Auswahl stehen Fisch aus dem Golf von Porto oder korsische Spezialitäten wie Kotelett von Lamm oder Schwein. Sehr zu empfehlen ist als Nachtisch eine »mousse à la chataigne«.

Centre Village | Tel. 04 95 27 80 46 | €€

AKTIVITÄTEN

Wanderung zum Capu Rossu A 6/7

Piana liegt auf einem Felsen über dem Meer. Zur schönen Sandbucht Plage d'Arone fahren Sie gut 10 km durch eine unberührte Küstenlandschaft. Auf halbem Weg passieren Sie einen Parkplatz mit Kiosk und Wegweiser. Hier beginnt die lohnenswerte Wanderung zur Felsklippe Capu Rossu. Schon von Weitem ist die Silhouette des Genueserturms zu sehen. Stetig geht es auf und ab, bevor die Landspitze erreicht ist. Der Ausblick ist grandios.

Gehzeit: 3–4 Std.
6 km westl. von Piana

Im Wechselspiel von Licht und Schatten nehmen die berühmten roten Felsen der Calanche bei Piana (▶ S. 86) die bizarrsten Formen an.

PORTO

B 6

600 Einwohner

Eine Reihe Restaurants und Hotels gruppiert sich um das natürliche Hafenbecken an der Mündung des Aitone-Baches, der hier unten den Namen Rivière de Porto trägt, und bilden den Ort Porto, der dem Golf seinen Namen gibt. Auf einem Felsen über dem Hafen überragt ein mächtiger Wachturm den breiten Sandstrand in der tief eingeschnittenen Bucht. Bei Wind rollen hier mit wilder Kraft haushohe Wellen ans Land. Ein Badeziel ist Porto nicht. Besucher finden hier vor allem wenig berührte Natur.

SEHENSWERTES
Aquarium de la Poudrière

Was rund um Korsika im Mittelmeer schwimmt, können Sie hier in einer Reihe Glasbecken betrachten. Neben den bekannten Speisefischen bekommen Sie auch Muränen und Seepferdchen zu sehen.

Place de la marine | Tel. 04 95 26 19 24 | April–Okt. tgl. 8–19 Uhr | Eintritt 5,50 €

Tour génoise

Portos Wahrzeichen ist dieser Wachturm (1459). Eine Treppe führt auf die Plattform zwischen den Zinnen. Der Blick über den Golf ist großartig.

April–Okt. tgl. 9–19 Uhr | Eintritt 2,50 €, Kinder frei

Ziele in der Umgebung
CALANCHE ⭐

A 6

Der Golf von Porto mit seinen rotbraun aufragenden Felsformationen gehört zu den schönsten Küstenabschnitten Korsikas. Den Höhepunkt dieser schroffen Küste bildet die Calanche. Zerklüftete rote Felsen formen ihre Berge, bizarre Felsformationen mit Löchern, Rissen, Kanten. Wasser, Wind und wechselnde Klimata haben hier ihre Spuren ins Gestein gegraben. Was die Natur über Jahrtausende geschaffen hat – einen Hundekopf, ein Château –, lässt sich auf kurzen Wanderwegen genießen. Wer Lust auf eine längere Tour hat, wählt die empfehlenswerte Runde über den alten Maultierpfad »Sentier Muletier«, die am Café Les Roches bleues beginnt und in fast allen Wanderführern zu finden ist.

EVISA

B 6

182 Einwohner

Lebendiges Bergdorf mit einigen einladenden Cafés und Restaurants an der Durchfahrtsstraße. Der Ort ist Station der Wanderwege »Mare a Mare Nord« und »Tra Mare e Monti«, sodass sich an den Tischen Wanderer und Tagesgäste mischen. Westlich des Dorfs markieren ein Schild und eine Parkbucht an der D 84 den Abstieg zur Piscine d'Aitone, einer Gumpe mit Wasserfall. Im angrenzenden Forêt d'Aitone sind viele Wanderwege markiert, und auf der Fahrt zur Passhöhe begegnen Sie Horden von frei laufenden Schweinen, die gern am Straßenrand ihren Mittagsschlaf halten.

21 km östl. von Porto

GORGES DE SPELUNCA

B 6

Direkt hinter Porto beginnt der Parc Régional de Corse. Die Straße, die von Porto in die Berge führt, schlägt dramatische Haken an den Hängen der Gorges de Spelunca entlang. Die Schlucht kann man auch zu Fuß durchqueren. Ein gut markierter Pfad, der zum Weitwanderweg »Tra Mare e Monti« gehört, führt vom Bergdorf Evisa den Hang hinunter bis zum Aitone. Zwei alte Brücken, der Pont de Zaglia und der Pont de Pianella, überqueren den Bach, bis die Wanderung nach einem kurzen Aufstieg und 3 Std. Gehzeit in Ota endet. Dort bietet die Gîte d'Etappe Chez Félix auf Voranmeldung einen Taxiservice nach Evisa (ca. 35 €) und außerdem ausgesprochen gutes Essen.

8 km östl. von Porto

ÜBERNACHTEN

Chez Félix 🚩 B 6

Wohnen mit Bergblick – In einem schönen alten Steinhaus im Bergdorf Ota gelegen, war das Chez Félix ursprünglich eine einfache Herberge für Wanderer. Inzwischen vermietet man auch Studios und Zimmer. Das Restaurant ist auch für externe Gäste geöffnet. Auf der Terrasse mit Bergblick wird abends beste Hausmannskost serviert.

Ota | Capo Sottano | Tel. 04 95 26 12 92 | www.gite-chez-felix.com | 50 Schlafplätze | €€

◎ RÉSERVE NATURELLE DE SCANDOLA 🚩 A 6

Leuchtend türkisblaues Meer vor tiefroten Felsen – so präsentiert sich die Küste um Porto dem Betrachter. Die Halbinsel Scandola ist nicht bewohnt und steht unter Naturschutz. Hier brüten Kormorane, Fischadler und Silbermöwen. Mit etwas Glück kann man auf dem Wasser auch Delfinen begegnen. Höhlen und kleine Buchten zwischen zackigen roten Felsen bestimmen das Bild. Das Dorf Girolata, am Rand der Schutzzone gelegen, ist nur mit dem Boot oder über einen Wanderweg von der Küstenstraße zu erreichen. Die Einwohner leben vom Tagestourismus: zwei nette Cafés servieren kleine Speisen, und eine Gîte bietet Wanderern Unterkunft.

16 km nördl. von Porto

Wollen Sie's wagen?

Auf eigene Faust erforschen Sie die roten Klippen, Grotten und Höhlen der Calanche mit einem motorisierten Zodiac. Die ohne Bootsführerschein fahrbaren Schlauchboote sind klein genug für jede Durchfahrt, zum Baden bieten sich überall Möglichkeiten. Die Zodiacs können Sie in Porto am Hafen leihen, ebenso wie in Macinaggio, Propriano oder Île Rousse. Ein Boot kostet 75 € für einen halben und 115 € für den ganzen Tag (zuzüglich Benzin).

AKTIVITÄTEN

Alpana 🚩

Der Korse François-René, geboren und aufgewachsen in Piana, kennt und liebt die Küste um Porto. Mit dem Motorboot Alpana bringt er seine Gäste in abgelegene Buchten des Naturschutzgebietes von Scandola. Er ist nicht nur ein erfahrener Kapitän, sondern auch ein kompetenter Reiseführer, von dem Sie viel über das Schutzgebiet von Scandola erfahren werden.

Kartenverkauf in der Boutique Baobab in Porto | www.excursions-peche-corse.fr | Halbtagestour Calanches de Piana und Scandola 55 €, Scandola (2,5 Std.) 42 €, Calanches de Piana (1,5 Std.) 26 €

BONIFACIO UND DER SÜDEN

*Imposante Kreidefelsen vor türkisblauem Meer bilden
die Kulisse von Bonifacio. Die mittelalterliche Festungsstadt
thront oberhalb der Küste und ist umgeben von den schönsten
Baderegionen der Insel.*

Zwischen Propriano im Westen und Porto-Vecchio im Osten besteht die Küste aus Felsen, die von langen Sandbuchten unterbrochen sind. Die Strände im Süden sind feinsandig und gehören zu den schönsten Badeplätzen der Insel. Besonders fotogen ist der **Strand von Palombaggia** ⭐ bei Porto-Vecchio, wo Granit- und Porphyrfelsen und hochgewachsene Pinien eine abwechslungsreiche Küstenlandschaft zaubern. Auch die benachbarten Buchten Santa Giulia und Pinarello bieten echte Traumstrände. Während sich um Porto-Vecchio eines der meist besuchten Feriengebiete Korsikas entwickelt hat, liegen die ebenso reizvollen Buchten weiter südlich mitten in der Wildnis und sind nur über schmale Stichstraßen erreichbar. Am südlichsten Zipfel der Insel ist die mittelalterliche Festungsstadt **Bonifacio** ⭐, in spektakulärer Lage auf steil abfallenden Kreidefelsen errichtet, ein Ziel, das Sie nicht versäumen sollten.

◀ Der Traumstrand Palombaggia (▶ S. 45)
ist umgeben von Felsen und Pinien.

Raue Granitbrocken, durchzogen
von wild wuchernder und herr-
lich duftender Macchia, prägen die
dünn besiedelte Landschaft hinter
dem Meer.

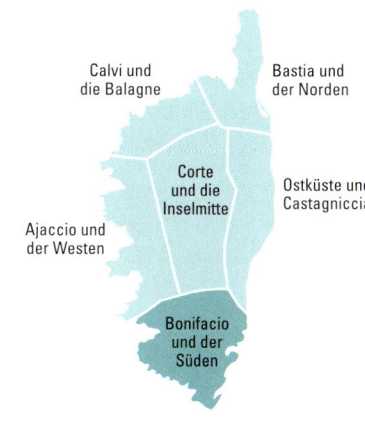

Calvi und
die Balagne

Bastia und
der Norden

Corte
und die
Inselmitte

Ostküste und
Castagniccia

Ajaccio und
der Westen

Bonifacio
und der
Süden

ALTA ROCCA

Weiter im Inland türmt sich der
Granit zur Berglandschaft des Alta
Rocca und des Bavellamassivs. Die
wichtigsten Kultstätten der Mega-
lithkultur verbergen sich in der Wildnis der Südspitze. Die Siedlung von
Filitosa mit ihren Megalithskulpturen ist die berühmteste von ihnen.
Cauria, Pallaghiu und Cucuruzzu sind aber nicht weniger sehenswert.

BONIFACIO

D 12

3000 Einwohner
Stadtplan ▶ S. 93

Erst der Blick vom Meer macht es sichtbar: Haarscharf am Rand der über-
hängenden Klippen errichtet, bieten
die Häuser der mittelalterlichen Bastion einen abenteuerlichen Anblick.
Zum Land hin ist die Stadt von einer
meterhohen Mauer geschützt. Im Inneren des uneinnehmbaren Bollwerks
schlendert man durch freundliche Gassen mit Läden, die vor allem Kunsthandwerk, Kleidung und Schmuck
anbieten – Bonifacio ist ein Einkaufs-
paradies. Dazwischen sorgen Cafés
und Restaurants für Gemütlichkeit.
Am Fuß der Mauer liegen im geschützten Naturhafen Jachten aller Größen
neben der bunten Flotte der Ausflugsboote. Bonifacio ist immer gut besucht.
Im Hochsommer geraten die riesigen

Parkplätze am Hafen spätestens gegen
Mittag an die Grenzen ihrer Kapazität.

SEHENSWERTES

❶ Bastion L'Étendard

Die Bastion neben der gut gesicherten
Porte de Gênes – einst der einzige Eingang in die Oberstadt – war der wichtigste Teil der Befestigungsanlagen. Sie
beherbergt heute ein Museum zur
Stadtgeschichte.
Av. Charles-de-Gaulle | Mai–Aug. Mo–Fr
9–20, Sa, So 10–18 Uhr, Sept., Okt. ein-
geschränkt geöffnet | Eintritt 2,50 €,
Kinder frei

❷ Cimetière Marin

Fast wie ein Dorf der Toten wirkt
der Matrosenfriedhof hinter der alten
Kaserne der Fremdenlegion. Jede der
kleinen Kapellen ist ein Familiengrab.
La Ville Haute | Eintritt frei

③ Marina

Wer sich Bonifacio von der Landseite nähert, trifft zuerst auf die von Restaurants gesäumte Promenade am Hafen. Gleich vorne am Kai der Marina starten die Ausflugsboote zur Rundfahrt unter den weißen Klippen. Weiter hinten ankern private Jachten, und unterhalb der Stadtmauer werden die Autofähren nach Sardinien beladen. Ein kleiner Platz in Form eines modernes Amphitheaters wird am Abend zum Treffpunkt der Nachtschwärmer, dahinter führen Treppen hinauf zur Oberstadt.

Escalier du Roi d'Aragon ⑦

187 Stufen führen von der Oberstadt hinunter zum Meer. Die »Treppen des Königs« ließ der Legende zufolge Alfons V. in einer Nacht-und-Nebel-Aktion aus dem Fels schlagen (▶ S. 14).

④ St-Dominique

Von Dominikanern 1270 als Teil eines Klosters erbaut, ist St-Dominique eine der wenigen gotischen Kirchen auf Korsika. Das Gebäude ist innen und außen eher schlicht. Sehenswert ist der stattliche Hauptaltar. Wegen der außerordentlich guten Akustik des Raumes finden hier regelmäßig Konzerte statt.

Citadelle | Mo–Fr 10–18 Uhr | Eintritt frei

⑤ Ste-Marie Majeure

Die Kirche Ste-Marie Majeure im Zentrum der Oberstadt ist vermutlich das älteste Gebäude Bonifacios und war zur Zeit der genuesischen Herr-

schaft auch ein politisches Zentrum. In der Vorhalle versammelten sich die Stadtältesten, und es tagte das Gericht. Im Altar der ursprünglich romanischen Kirche, die über die Jahrhunderte mehrfach durch Umbauten verändert wurde und heute keiner klaren Stilrichtung zuzuordnen ist, werden die Reliquien des Heiligen Bonifazius verwahrt, der als Schutzpatron der Stadt gilt. Unter der Kirche befindet sich eine Zisterne, die die Wasserversorgung der Stadt sicherstellte.

Rue du Saint-Sacrement | 8–18.30 Uhr | Eintritt frei

ÜBERNACHTEN

⑥ Domaine Liccetu

Ruhige Lage bei Bonifacio – Sieben Zimmer in kleinen weißen Häuschen jeweils mit eigener Terrasse in Alleinlage in der Macchia. Alle Zimmer sind mit Klimaanlage und TV ausgestattet. Etwas abseits vom zugehörigen Restaurant. Bonifacio ist zu Fuß über den Klippenweg in wenigen Minuten zu erreichen. 2,5 km zur Plage de Piantarella.

Route du Phare de Pertusato | Tel. 04 95 73 03 59 | www.licetto.com | 7 Zimmer | €€

ESSEN UND TRINKEN

⑦ Auberge Corse

Gute Stimmung – Ob mittags, am Abend oder spät in der Nacht: An den einladenden Tischen der Auberge Corse bekommen Sie jederzeit ein leckeres Essen oder ein kühles La Pietra. Spezialitäten des Hauses sind die exzellent zubereiteten Aubergines à la Bonifacienne und verschiedene Sorten Beignets mit Käse, Zucchini oder Gemüse. Die

Stimmung ist locker und lässig und das engagierte Team immer zu Scherzen aufgelegt. Etwas abseits der engsten Gassen an einem kleinen Platz an der Porte des Gênes gelegen.

Place d'Armes | Tel. 04 95 10 86 55 | €€

8 Cantina Doria

Rustikaler Klassiker – Jederzeit gut besucht. Einfache korsische Küche, stilvoll rustikal, Menü mit sehr gutem Preis-Leistungs-Verhältnis. Ein Platz zum Wohlfühlen.

27 Rue Doria | Tel. 04 95 73 50 49 | €€

9 Ciccio

Kreative Küche – In einer ruhigen Gasse abseits vom größten Trubel mit schönen Holztischen und einer kleinen Terrasse in der Nebenstraße. Einige korsische Spezialitäten, aber ansonsten nicht die üblichen Standardgerichte.

6 Rue Saint Jean Baptiste | Tel. 06 16 98 81 68 | €€€

10 La Place

Snacks mit Qualität – Hausgemachte Burger und Crêpes werden unten am Hafen an der Treppe zur Oberstadt serviert. Legere Atmosphäre und nettes Personal.

1, Monte Rastello | €€

KULTUR UND UNTERHALTUNG

11 Galerie Mediterranée

Skulpturen, Gemälde und Fotos zeitgenössischer Künstler entdecken Sie in der kleinen Galerie neben der Touristeninformation.

Rue Fred Scamaroni | April–Nov. Öffnungszeiten unregelmäßig | www.galeriemediterranee.com

12 Les Jeudis Polyphonies

Von Mitte Juli bis Anfang November bekommen Sie in der Église St-Dominique jeden Donnerstagabend eine Kostprobe der korsischen Musik mit ihren typischen polyphonen Gesängen.

Citadelle | 21.30 Uhr | Karten ca. 15 €

AKTIVITÄTEN

Bootsausflüge

Die Fahrt zu den Grotten von Bonifacio dürfen Sie nicht verpassen! Wer die einstündige Rundfahrt zum Grain de Sable und zur Wasserhöhle Grotte du Sdragonato mit den Booten der größten Linie SPMB unternimmt, kann das Auto kostenlos auf deren Parkplätzen unterbringen und danach ausführlich durch Bonifacio bummeln.

Abfahrt alle 30 Min. | www.spmbonifacio.com | Tickets im Hafen und an den Parkplätzen der Linie | Eintritt 17,50 €, Kinder frei

Stadtblick vom Klippenweg

An der Chapelle St-Roch vor dem Stadttor beginnt ein Weg, der am Rand der Klippen aus der Stadt führt. Begleitet von kreischenden Möwen treffen Sie nach einer halben Stunde auf den Fahrweg zum Leuchtturm am Capo Pertusato. Von hier ist der Blick auf die Oberstadt fast so gut wie vom Meer.

SERVICE

AUSKUNFT

Office de Tourisme de Bonifacio
▶ S. 93, b 1

2 Rue Fred Scamaroni | Tel. 04 95 73 11 88 | Mo–So 9–19, Juli, Aug. bis 20 Uhr | www.bonifacio.fr

PINARELLU ⚓ E 10

Von Ste-Lucie de Porto-Vecchio, einem Dorf an der Route Nationale, führt eine Stichstraße zum Meer und zum Sandstrand von Pinarellu. Der Ort ist eine reine Feriensiedlung, die Häuser verteilen sich gut verborgen in der Vegetation um die reizvolle Promenade am Meer.

Savoir vivre mit Boule, Crêpes und Meer 8

Ein Boule-Platz, eine Holzhütte und eine Reihe Liegen mit Blick aufs Meer: Die winzige Crêperie Grain de Sable ist ein Platz zum Träumen (▶ S. 15).

PORTO-VECCHIO ⚓ E 11
11 000 Einwohner

Die Zitadelle von Porto-Vecchio ist unauffällig. Die trutzigen hohen Mauern, wie wir sie von Bastia oder Calvi kennen, fehlen hier. Der markanteste Teil der Stadtmauer ist die Porte Génoise, durch die man nach dem steilen Aufstieg vom Hafen die Anfang des 16. Jh. erbaute Altstadt betritt. Schön restaurierte Steinhäuser in schmalen Gassen beherbergen kleine Läden mit Kunsthandwerk und Souvenirs, Cafés und Restaurants. Im Sommer verwandeln sich die autofreien Straßen der Zitadelle in ein Freiluftrestaurant. Zentrum der Altstadt ist die Place de la République, die interessanteste Lage haben jedoch die Restaurants an der zum Meer gerichteten Seite der schmalen Rue Borgo. Hier versteckt sich hinter jedem Haus eine Terrasse mit Aussicht. Außerhalb der touristisch orientierten Altstadt ist Porto-Vecchio eine moderne Stadt mit großen Supermärkten, einem kleinen Industriegebiet und einem betriebsamen Hafen, in dem neben den Fähren aus dem nahen Sardinien auch die großen Schiffe vom französischen Festland einlaufen. Hotels und Ferienunterkünfte verteilen sich in der Nähe der außergewöhnlich schönen Strände.

ÜBERNACHTEN

Le Goéland

Ruhig, zentral und am Meer – Gepflegtes Hotel am Hafen. Auf der Meerseite idyllische Sitzplätze unter großen Pinien und ein kleiner Sandstrand. Ausgezeichnetes Restaurant.

La Marine | Tel. 04 95 70 14 15 | www. hotelgoeland.com | 34 Zimmer | €€€€

Les Jardins de Mathieu ▶ S. 24

ESSEN UND TRINKEN

RESTAURANTS

A Furana

Korsische Küche mit Hafenblick – Schweinefleisch karamellisiert mit Honig, Cannelloni mit Tintenfisch oder als Vorspeise mit gegrillter Aubergine und Brocciu-Käse. Bei freier Wahl aus der Karte können Sie sich für die »formule furana« mit zwei Gängen oder die »formule gourmande« mit Vorspeise und Dessert entscheiden. Das Fazit: beste Lage, gute Küche, fairer Preis.

47 Rue Borgo | Tel. 04 95 70 58 03 | €€

U Passaghiu

Charmanter Familienbetrieb – Auf der Landseite der Rue Borgo gelegen, überzeugt das U Passaghiu mit einer kleinen Auswahl gut zubereiteter Gerichte, frischen Zutaten, freundlichem Service und einem interessanten »menu de découverte«.

15 Rue Colonel Quenza | Tel. 04 95 20 15 66 | €€€

Le Vistaero

Klein und fein – In der begehrtesten Lage der Altstadt speist man auf der großzügig gestalteten Terrasse des Vi-

Die Marina von Porto-Vecchio (▶ S. 94) im malerischen Abendlicht: Mit über 400 Liegeplätzen für Boote bis 24 m gehört sie zu den wichtigsten Jachthäfen der Insel.

staero mit Hafenblick. Raffinierte Küche mit ungewöhnlichen Kreationen.

29 Rue Borgo | Tel. 06 63 99 14 24 | €€€

BARS
La Taverne du Roi

Bar mit stimmungsvollem Ambiente im Gewölbe unter der Porte Génoise. Ab 22.30 Uhr anspruchsvolles Abendprogramm mit korsischen, italienischen und französischen Chansons.

43 Rue Borgo | nur Sa, So geöffnet | www.latavernerduroi.com

CAFÉS
Les Trois Deux

Am Strand von Santa Giulia – Traumhafter Platz unter Palmen und Pinien. Verleih von Liegen und Sonnenschirmen. Im Restaurant gibt es Burger und hausgemachte Pommes frites, aber auch die sehr gut zubereitete »pêche du jour« und köstliche Desserts.

Baie de Santa-Giulia

6 km südl. von Porto-Vecchio

EINKAUFEN
U Spuntino

Uriger Laden mit einer hervorragenden Auswahl an Charcuterie, Käse, Likör, Wein und Gebäck. Rustikal und gemütlich sind die Sitzplätze auf dem Platz vor der Kirche, wo die Spezialitäten der Region auf großen Platten serviert werden. Die Preise des zugehörigen Restaurants sind allerdings gehoben.

Place de L'Église

KULTUR UND UNTERHALTUNG
Via Notte

Schicker Open-Air-Club mit großen Dancefloors und vier Themenbars. In warmen Sommernächten tanzen hier Tausende zu Elektroklängen.

Am südl. Ortsausgang | www.vianotte.com

SERVICE
AUSKUNFT
Office Municipal de Tourisme

Kostenloser WLAN-Hotspot, begleitete Führungen in der Zitadelle oder Audioguide.

Rue Général Leclerc | Tel. 04 95 70 09 58 | www.ot-portovecchio.com

Ziele in der Umgebung
◎ CASTELLU D'ARRAGGIO   ⚓ E 10

Die torreanische Festung wurde in der Bronzezeit auf dem Plateau über der Küste errichtet. Auch der Blick über die Küste lohnt den anstrengenden 20-minütigen Aufstieg. Der Beginn des Pfades ist im Dorf Araggio beschildert, wo Sie auch auf zwei empfehlenswerte Restaurants treffen.

Village d'Araggio

6 km nördl. von Porto-Vecchio

ESSEN UND TRINKEN
La Casette d'Araggio

Lokale Produkte – Ein kleiner Laden mit wenigen Tischen vor dem schönen alten Steinhaus macht eine Pause nach dem Besuch des Castellu d'Araggio unwiderstehlich. Omelettes, Crêpes und Galettes, eine »assiette de fromage« oder ein Menü? Die Küche der Casette ist korsisch-bretonisch inspiriert.

Village d'Araggio | Tel. 04 95 72 05 23 | www.lacassettedaraggio.fr | €€

L'Orée du Site

Einfallsreich und deftig – An den rustikalen Holztischen im Schatten alter

Olivenbäume sitzt und isst es sich vorzüglich. Das Wildschweinragout wird mit Kartoffelgratin und Kastanien serviert, der Fisch mit einer Pampelmusensauce und die Tagliatelle mit Nüssen. Freitag abends in der Regel Livemusik.

Village d'Araggio | Tel. 06 27 91 22 87 | €€

◎ FORÊT DE L'OSPÉDALE ⚑ D 10

Nur wenige Kilometer von den Stränden von Porto-Vecchio entfernt liegt der Wald Forêt de l'Ospédale im Regionalen Naturpark Korsika. Hier türmen sich die typischen Granitfelsen Südkorsikas zum Gebirge. Steineichen, Schwarzkiefern und Edelkastanien wachsen auf felsigem Untergrund. Kurvenreich führt eine schmale Straße vom Meer hinauf zum Stausee von Ospédale, der bereits in einer Höhe von über 1000 m liegt und zur Bergregion der Alta Rocca gehört.

20 km nordwestl. von Porto-Vecchio

SEHENSWERTES

Piscia di Gallo   ⚑ D 10

In einer malerischen Berglandschaft, zwischen windschiefen Kiefern und Fels, verbirgt sich dieser Wasserfall. 70 m stürzen die Fluten des Oso senkrecht hinab. Der große Parkplatz an der Straße markiert eindeutig, wo das beliebte Ziel zu finden ist. Aber lassen Sie sich vom Andrang nicht täuschen: Der Weg zum Wasserfall ist gut markiert, aber keine bequeme Sightseeingtour, sondern eine kurze, sehr schöne, aber ernst zu nehmende Wanderung auf steinigen Pfaden.

🕘 Besonders eindrucksvoll ist der Wasserfall im Frühjahr, wenn der Bach viel Wasser führt.

Parkplatz an der D 368 ca. 5 km hinter dem Stausee von Ospédale | Gehzeit einfach: 45 Min.

25 km nördl. von Porto-Vecchio

PROPRIANO ⚑ C 10

3400 Einwohner

Weit entfernt von den großen Fährhäfen liegt Propriano am Rande des Touristenstroms. Hier ist es nicht so schick wie in Porto-Vecchio, der Ort besticht jedoch mit langen Sandstränden beiderseits des Jachthafens und als guter Stützpunkt für Wassersport. Für Abwechslung sorgen die Thermalanlage Les Bains de Baracci nur wenige Kilometer entfernt sowie eine der schönsten Genueserbrücken der Insel, die Spin'a Cavallu, die 10 km östlich von Propriano den Rizzanese überspannt.

ESSEN UND TRINKEN

Terra Cotta

Feine Frische – Raffinierte Küche auf der Basis von Fisch und Meeresfrüchten. Besonders zu empfehlen ist das sechsgängige »menu de découverte« mit feinen Spezialitäten wie Ravioli mit Hummer, Langustinen, Tartar vom frischen Thunfisch, gegrilltem Fisch und einem raffinierten Dessert.

🕘 Testen Sie die exzellente Küche mit dem nur mittags angebotenen kleinen, preisgünstigen Zwei-Gänge-Menü.

31 Avenue Napoleon | Tel. 04 95 74 23 80 | €€€

Terra Nova

Pizza mit Hafenblick – Nicht ganz in der ersten Reihe, aber doch noch mit Blick auf den Hafen punktet das Lokal durch die Qualität seiner Produkte und faire Preise. Pizza vom Holzofen.

11 Rue du 9 Septembre 1943 | Tel. 04 95
78 85 17 | www.terra-nova-restaurant.fr |
€€

Tempi fà

Lokale Produkte – Stilvoll rustikales
Bistro mit sehr guter Auswahl an korsischem Wein und einer kleinen Karte
bester Produkte der Region, die auch
im angrenzenden Laden verkauft werden. In der Saison häufig Livemusik
am Abend.

7 Avenue Napoleon | Tel. 04 95 76 06 32 |
www.tempi-fa.com | €€–€€€

SERVICE

AUSKUNFT

Office du Tourisme

Port de Plaisance | Tel. 04 95 76
01 49 | www.propriano.net

Ziele in der Umgebung

◎ **CAMPOMORO** B 11

Kleiner Ferienort mit bildhübschem
feinen Sandstrand, einer Handvoll Restaurants hinter dem Meer und wenigen
Hotels.

15 km südwestl. von Propriano

SEHENSWERTES

Tour Genoise

Der Ausblick von der Plattform des
Wachtturms reicht über den ganzen
Golf von Valinco. Am »Genuesenturm« beginnt auch der reizvolle Wanderweg »Sentier du littoral« entlang
der Küste bis Tizzano.

Pfad am Meer, beschildert | tgl. 10–13,
15.30–18.30 Uhr | Eintritt 3,50 €

◎ **FILITOSA**   C 10

Die Ausgrabungsstätte Filitosa ist eine
der bedeutendsten archäologischen

Fundstellen im Mittelmeerraum. Auf
dem Gelände, das schon vor über
8000 Jahren von Menschen bewohnt
war, haben sowohl die Menschen der
Megalithkultur als auch die nachfolgenden torreanischen Besatzer ihre
Spuren hinterlassen. Die Reste des
Dorfs, die sich zwischen großen Felsen
um das zentrale Heiligtum gruppieren,
sind torreanisch.

Besonders bekannt ist Filitosa für
seine Megalithskulpturen mit deutlichen menschlichen Zügen. Gleich am
Eingang der Anlage empfängt Sie Filitosa V. mit ihrem Langschwert. Weitere
sechs Statuen, die nicht mehr in voller Größe erhalten sind, hat man
am Hauptmonument platziert. Andere
Megalithstatuen stehen zu Füßen einiger uralter Olivenbäume unten am
Steinbruch. An fünf Metallsäulen an
den wichtigsten Plätzen des Geländes
bekommen Sie per Knopfdruck Erklärungen in akzentfreiem Deutsch.
Zurzeit baut man an einem neuen
Museum, das die wenigen Vitrinen im
Pavillon am Eingang ergänzen wird.

🕐 Die besten Fotos machen Sie mittags,
wenn das senkrecht einfallende Licht das
Relief der Steine hervorhebt.

Petreto-Bicchisano | Ostern–Ende Okt.
tgl. 8 Uhr bis Sonnenuntergang | www.
filitosa.fr | Eintritt 7 €

16 km nordwestl. von Propriano

ESSEN UND TRINKEN

Restaurant Le Frère ▶ S. 28

SARTÈNE ⚓ C 11

3250 Einwohner

Stadtplan ▶ S. 99

Die immer gut besetzten Tische der
Cafés machen die Place Porta zum

Zentrum von Sartène. Gleich dahinter beginnen die engen Passagen der Altstadt. Zwischen den Steinhäusern dort ist es immer kühl und etwas finster. Und wenn man der Fantasie ein wenig Raum gibt, dann könnte die schaurige Geschichte Sartènes den Besucher tatsächlich das Grausen lehren.

Bis ins 19. Jh. beherrschte die Vendetta – die Blutrache – die Stadt. In dieser radikalen Form der Selbstjustiz, wie sie der französische Schriftsteller Prosper Mérimée in seinem Roman »Colomba« beschreibt, wurden auf Korsika Ehrverletzungen zwischen hochrangigen Familien mit Mord gesühnt. Ein Mord zog den nächsten nach sich, sodass am Ende nur trauernde Mütter und Witwen mit der verteidigten Familienehre zurückblieben.

Die Vendetta wie auch die Feindschaften zwischen ganzen Stadtvierteln sind schon seit über 150 Jahren Geschichte. Viele der alten Häuser sind gut renoviert, Läden und Restaurants profitieren vom Image der Stadt, das die Gäste anlockt. Und doch, verirrt man sich in abgelegene Winkel und betrachtet die geschlossenen Fensterläden, ist die Vergangenheit spürbar, und ein leichtes Schaudern ergreift einen zwischen den feuchten Mauern.

❶ Musée départemental de Pré-histoire corse et de l'Archéologie

Tonwaren aus dem Neolithikum gehören zu den ältesten Fundstücken im Museum. Die beindruckend umfangreiche Sammlung von Haushaltsgegenständen, Waffen, Werkzeug und Schmuckstücken ist didaktisch geschickt aufbereitet. Sie gibt einen guten Einblick in die Lebenswelt der Menschen von der Megalithkultur bis in die Kupferzeit und von der rätselhaften Kultur der Torreaner über die Eisenzeit bis zur Ankunft der Römer im Mittelmeerraum.

Rue Jacques-Nicolai | Juni–Sept. tgl. 10–18, Okt.–Mai Di–Sa 10–17 Uhr | Eintritt 4 €

ÜBERNACHTEN

❷ Domaine de Murtoli ▸ S. 24

ESSEN UND TRINKEN

❸ Le Jardin de l'Echauguette

Gute korsische Küche – Schattige, ruhige Terrasse an der Stadtmauer, die vorderen Plätze mit Blick ins Tal. Ausgezeichnete Fleischgerichte. Sehr empfehlenswert ist das korsische Menü.

Place de la Vardiola | Tel. 04 95 77 12 86 | €€

❹ Roy Theodore

Charmantes Lokal – Familienbetrieb in einer ruhigen Altstadtgasse. Auf der Karte finden Sie traditionell korsische Gerichte, aber auch Pizza.

13 Rue Frères Bartoli | Tel. 04 95 77 17 77 | €€

❺ Santa Barbara

Top-Adresse mit schöner Lage – Languste, Gambas, Lamm, Wildschwein – die Produkte der Insel werden hier exzellent zubereitet. Schöne Terrasse im Grünen mit Blick auf Sartène und liebenswürdiger Service.

Alzone | Tel. 04 95 77 09 06 | www.santabarbara.fr | €€€

2 km nördl. von Sartène

EINKAUFEN

❻ Bergerie d'Acciola ▸ S. 38

❼ Distillerie Listincu ▸ S. 39

Ziele in der Umgebung

◎ **ALIGNEMENTS DE PALAGGIU** 🚩 C 11

258 Menhire, angeordnet in mehreren Reihen und ausgerichtet in Nord-Süd-Richtung, bildeten die Steinreihe von Palaggiu, die auf das Jahr 4000 v. Chr. datiert wird. Der Zugang ist leicht zu übersehen. An der D48 markieren eine Parkbucht und ein Schild den breiten Weg. Eine Reihe wuchtiger Steine versperrt die Einfahrt für Fahrzeuge.

12 km südwestl. von Sartène

◎ **LION DE ROCCAPINA** 🚩 C 11

Die eindrucksvolle Steinformation in Form eines mächtigen Löwen ist von der D 81 zu sehen. Ein Abzweig an der Auberge Coralli führt zur Plage de Roccapina. Vom Parkplatz ermöglicht ein steiler Pfad den Aufstieg (ca. 45 Min) zum steinernen Löwen.

20 km südl. von Sartène

SEHENSWERTES

La Casa di Roccapina 🧍🚩

Thema der Ausstellung ist das geologische Phänomen des Tafoni, das Steinformationen wie den Löwen von Roccapina hervorbringt.

Col de Roccapina | Mai–Okt. 10–18 Uhr | Eintritt 2 €

◎ MEGALITHES DE CAURIA 👥

🌿 C 11

Ein Rundweg verbindet drei eindrucksvolle Kultplätze der Megalithkultur. Am ältesten ist das Alignement
de Renagghiu, dessen locker in einem
Steineichenhain verstreute Megalithen
aus der Zeit zwischen 4500 und 3000
v. Chr. stammen. Die Steine des Alignement von Stantari, das gut 1000 Jahre jünger geschätzt wird, sind dagegen
sauber aufgereiht und zeigen deutliche
Ansätze von Armen und Schultern und
angedeutete Gesichter. Das dritte Monument, der Dolmen von Fontanaccia,
schützt einen kleinen Grabraum. Alleine die massive Deckplatte wiegt mehr
als 3 t. Welche herausragende Persönlichkeit des frühzeitlichen Korsikas
hier begraben lag, ist vollständig unbekannt. Das Gelände von Cauria ist
von der Landstraße D48 ausgeschildert
und frei zugänglich.
15 km südl. von Sartène

ZONZA

🌿 D 10

1802 Einwohner

Durch seine Lage an der beliebten
Passstrecke über den Bavellapass ist
Zonza eines der meist besuchten Dör-
fer des Alta Rocca. Mehrere einladende
Cafés säumen die einzige Straße des
Dorfes.

Hotel du Tourisme

Komfortables Bergidyll – Am Ortsrand von Zonza mit Blick ins Tal. Tolle
Terrasse, Jacuzzi und schöner kleiner Pool mit Bergblick.
Route de Quenza | Tel. 04 95 78 67 72 |
www.hoteldutourisme.fr | 20 Zim-
mer | €€€

Ein Meisterwerke der Megalithkultur vor 3000 Jahren sind die Statuen, die in der weitläufigen
prähistorischen Stätte von Filitosa (▶ S. 98) zu sehen sind.

ESSEN UND TRINKEN

Auberge du Sanglier

Bavellablick – Einfache, deftige Gerichte. Toller Ausblick von der gemütlichen Terrasse. Die Spezialität des Hauses ist natürlich das Wildschweinragout.
D 268 Rue Principale | Tel. 04 95 78 67 18 | €€

Ziele in der Umgebung

◉ AIGUILLES DE BAVELLA ⭐ 🍃 D 9

Wie spitze Nadeln (»aiguilles«) ragen die Felsspitzen des Bavella-Massivs in den Himmel. Es ist ein Paradies für Kletterer und Bergwanderer. Die meisten Wege beginnen auf der Passhöhe, wo auch der GR20 die Straße kreuzt.
50 km nördl. von Zonza

ESSEN UND TRINKEN

Auberge du Col de Bavella

Bergflair am GR 20 – Auf der Terrasse der Auberge mischen sich im Sommer die Weitwanderer mit ihren schweren Rucksäcken unter die Autotouristen. Üppige Portionen zaubern ein zufriedenes Lächeln auf müde Gesichter.
Col de Bavella | Tel. 04 95 72 09 87 | www.auberge-bavella.com | €€

◉ CUCURUZZU UND CAPULA 👥

🍃 D 10

Ein Besuch der Fundstätten von Cucuruzzu und Capula gleicht einem Ausflug in die Frühgeschichte der Menschheit. Höhlen und Felsüberhänge vermitteln ein authentisches Bild der frühen Besiedelung des Tals. Die ringförmige Festung von Cucuruzzu ist torreanischer Bauart und war zwischen 1800 und dem Ende der Eisenzeit (ca. 400 v. Chr.) bewohnt. Um den Innenhof gruppieren sich mehrere Räume.

Capula, nur 20 Min. Fußweg entfernt, war von der Steinzeit bis ins Mittelalter bewohnt. Die Trockenmauern der Siedlung schmiegen sich in Lücken zwischen Felsüberhängen und ergänzen diese zu einfachen Gebäuden. Schmale Treppen und Wege führen zwischen Felsen ins Dorfzentrum.
Anfahrt: Abzweig zwischen Levie und Ste-Lucie de Tallano von der D 268 | April–Okt. tgl. 9.30–18, Juni–Sept. bis 19 Uhr | Eintritt 5,50 € 15 km südwestl. von Zonza

◉ LEVIE

🍃 D 10

700 Einwohner
Der Besuch im Musée de l'Alta Rocca in Levie ergänzt die Eindrücke aus Cucuruzzu mit Informationen. In sieben Räumen illustriert das Archäologiemuseum die erste Besiedelung des Alta Rocca etwa 8000 v. Chr., die Entwicklung einer Hirtenkultur und die Zeit der torreanischen Kultur. Das wichtigste und bekannteste Ausstellungsstück der Sammlung ist die »dame de Bonifacio«, deren Todesdatum man zwischen 7000 und 8000 v. Chr. ansiedelt. Das Skelett ist das älteste Zeugnis menschlichen Lebens auf Korsika.
Route de Carbini | Juni–Sept. tgl. 10–18, Okt.–Mai Di–Sa 10–17 Uhr | Eintritt 4 € 9 km südl. von Zonza

ÜBERNACHTEN

Ferme Auberge A Pignata 👥

Bergkomfort – Komfortable Zimmer in einer Gruppe Steinhäuser in schönster Lage am Hang über Levie. Ein echter Kindertraum ist das außergewöhnliche Zimmer im komfortablen Baumhaus (»cabane dans les arbres«), das in eine Steineiche gebaut ist. Tolles geheiztes Schwimmbad, Hamam und Solarium. Sehr gutes Restaurant.

Route du Pianu | Tel. 04 95 78 41 90 | 14 Zimmer, 1 Suite, 1 Baumhaus | www. apignata.com | €€€

10 km südl. von Zonza

◎ QUENZA   🍃 D 10
215 Einwohner

Seltener besucht werden die schönen kleinen Dörfer Quenza, Serra di Scopamène und Aullène, die gute Ausgangspunkte für Wanderungen und eine Basis für längere Ausflüge ins Alta Rocca sind. Alle Orte bieten eine einfache Infrastruktur an Restaurants und Hotels mit ursprünglichem Charme. Ein Wanderziel ist das nahe Plateau de Coscione, wo im Sommer Pferde, Kühe, Schweine und Ziegen weiden.

8 km nördl. von Zonza

ÜBERNACHTEN
Sole e Monti

Im Wanderparadies – Familiäres Hotel-Restaurant im Bergdorf Quenza, dessen Anlage so einfach wie charmant ist. Freundliche Zimmer, meist mit Balkon, toller Garten und angenehmes Restaurant mit guter regionaler Küche. Halbpension möglich.

Route de Zonza | Tel. 04 95 78 62 53 | 19 Zimmer | www.solemonti.com | €€

Corse Odyssée

Freundlich familiär – Angenehmes Chambre d'hôte im schönen Bergdorf Quenza. Halbpension mit guter Küche. Kleine Zimmer, liebevoll möbliert, und ein freundlicher Empfang.

Quartier Pentaniella | Tel. 04 95 78 64 05 | www.gite-corse-odyssee.com | €€

Die »roten Dolomiten« werden die Aiguilles de Bavella (▶ S. 102) auch genannt. Das Gebirge mit seinen markanten Felsspitzen ist ein beliebtes Wanderparadies.

Im Fokus
Sanfte Dickschädel

Ob zum Wandern oder als Lasttier: Esel waren viele Jahrhunderte lang ein alltäglicher Anblick auf Korsika. Und dank engagierter Menschen wie der Züchterin Paule Schlémaire sind sie auch heute nicht aus den Dörfern verschwunden.

Mit strahlenden Augen und festem Schritt geht die kleine Chiara voran. Cadichon, den grauen Esel mit dem wuscheligen Fell, zieht sie energisch hinter sich her. »Du musst schnell laufen, wenn du vorn gehen willst«, war der Auftrag, den Paule Schlémaire, die Chefin der Gruppe, der Achtjährigen mitgegeben hat – und Chiara meistert die Sache mit Bravour.
Vier Esel sind heute dabei auf der Wanderung durch die Berge von Serra di Scopamène, einem Ort im Alta Rocca, der Bergregion westlich des Bavella-Passes. 32 Langohren grasen auf den Weiden von Alta Rocc'ânes, dem Betrieb, den Schlémaire 2010 eröffnet hat. In Frankreich aufgewachsen, folgte die Agrarwissenschaftlerin mit 24 Jahren den Spuren ihrer korsischen Mutter und suchte ihr Glück am Mittelmeer. Zuerst führt sie Reitergruppen über die Insel, bis sie nach fünf Jahren den Sprung in die Selbstständigkeit wagt. »Hier im Alta Rocca habe ich die Qualität gefunden, die ich suche: intakte Natur, ein Leben ohne Hektik, liebenswerte Menschen und ein Gefühl von Freiheit. Ich bin meine eigene Chefin.«

◄ Auf einem Esel bis ans Ende der Welt
reiten: besonders bei Kindern beliebt.

BESONDERS FAMILIEN LIEBEN DAS ESELWANDERN

Im Juli und August ist Paule fast täglich unterwegs. Meist sind es Familien, die sich für die Tagestouren anmelden. Auf schmalen Pfaden geht es zwischen Steinblöcken, Farnwedeln und Macchia-Büschen hindurch, rechts sieht man die Silhouette der Aiguilles de Bavellan. Im Gebüsch zirpen die Zikaden, und manchmal trifft man auch auf Schweine. »Ich laufe wirklich gerne«, versichert Paule lachend, als Chiara sie bedauert, weil sie gar nicht reiten darf, und erklärt den Kindern nebenbei, dass Esel nicht gerne durch Wasser gehen und welche Pflanzen am Wegesrand wachsen. Im Frühjahr und im Herbst, wenn die Kinder in der Schule sitzen, führt Paule Wanderer auf die Hochebene des Plateau de Coscione oder in die einsame Küstenregion südlich von Sartène. Zwei bis fünf Tage sind die Gruppen unterwegs. Das Gepäck tragen die Esel, übernachtet wird in Wanderherbergen oder im Zelt. »Die meisten Wanderer interessieren sich für die Insel und stellen viele Fragen. Da kann ich das weitergeben, was mir wichtig ist. Beim Reiten stand viel mehr der Sport im Mittelpunkt«, erklärt Paule zufrieden.

FRÜHER BESASS JEDE FAMILIE AUF KORSIKA EINEN ESEL

Auch ihren Abschluss in Agrarwissenschaft, Tierzucht und Umweltschutz kann sie auf Korsika vielseitig einsetzen. Wenn im Herbst die Touristen wegbleiben, bekommen die Esel eine neue Aufgabe: Rund um die Asinerie fallen die Kastanien nicht mehr ungenutzt zu Boden. Körbe am Packsattel ermöglichen das Einsammeln der braunen Früchte, so wie es früher üblich war. Einen Esel besaß damals jede Familie. Heute drohen die Tiere aus den Dörfern zu verschwinden.

Einen Restbestand von 1000 bis 2000 Exemplaren der trittsicheren inseltypischen Rasse schätzen die Zuchtverbände A Runcata und Isul'âne. Sie haben Zuchtkriterien festgelegt, um den korsischen Esel zu retten. Betriebe wie Alta Rocc'ânes geben den Tieren eine Aufgabe und holen sie zurück in die Dörfer. Sechs Fohlen springen dieses Jahr über die Weiden der Züchterin, im Herbst liefert Paule Kastanien an die örtliche Mühle, ein gepachteter Olivenhain komplettiert ihr landwirtschaftliches Potpourri. Das kalt gepresste Olivenöl kann man in der Asinerie erwerben.

L'Asinerie Alta Rocc'ânes | Lieu Dit U Paradisu | Serra di Scopamène | Tel. 06 83 40 70 48 | www.altaroccanes.com

OSTKÜSTE UND CASTAGNICCIA

Ein Baum stand Pate für eine ganze Landschaft:
Kastanienwälder bedecken die Castagniccia, die Landschaft
im Hinterland der Ostküste, an deren Stränden immer Platz
für ein Badehandtuch ist.

Ein langer Sandstreifen säumt die Ostküste Korsikas. Das Meer ist nicht
ganz so türkisblau und der Sand nicht ganz so weiß wie im Süden und in
der Balagne, dafür verteilen sich die Badegäste auch im August ohne
Gedrängel auf den weiten Sandflächen. Im Süden der Ostküste bieten die
Kleinstädte Solenzara, Ghissonaccia und Aléria touristische Infrastruktur. Im Norden gruppieren sich wenige Ferienanlagen um die Orte Folleli,
Moriani und Prunete, deren schöne Strandabschnitte die Gäste anziehen.
Die Ebene hinter dem Meer, einst ein malariaverseuchter Sumpf, ist heute
das größte Anbaugebiet Korsikas und versorgt die Insel mit Obst und Gemüse. Auf dem verwilderten Land wurden in den 1960er-Jahren über
10 000 französischstämmige Algerier angesiedelt, die mit viel Elan und
finanzieller Unterstützung aus Paris die Wildnis zu fruchtbarem Acker-
land umbauten. »Pleine Orientale« nennen die Korsen die Ebene seitdem.

◀ Fast schon schottisch wirkt die grüne
Tümpellandschaft der Pozzines (▶ S. 108).

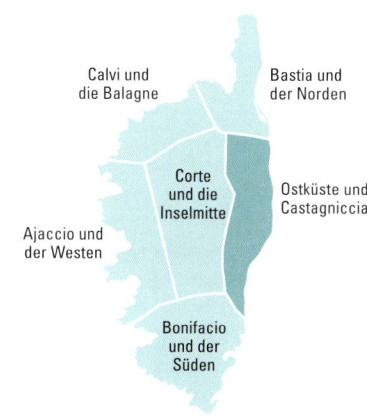

Calvi und
die Balagne

Bastia und
der Norden

Corte
und die
Inselmitte

Ostküste und
Castagniccia

Ajaccio und
der Westen

Bonifacio
und der
Süden

Erst einige Kilometer im Inland
werden die Straßen wieder kurvig,
und die Hänge des Bavellamassives
und des Fiumorbo sorgen für eine
attraktive Kulisse.

GRÜNE CASTAGNICCIA

Ganz im Norden, hinter Moriani
und Prunete, beginnen die Berge
schon nahe am Meer. Steile grüne
Hänge mit trutzigen Dörfern, er-
baut aus Schiefer und Granit und umgeben von Tausenden Kastanien,
bestimmen das charakteristische Bild der Castagniccia, des steilen Berg-
lands der Kastanienwälder, deren Früchte jahrhundertelang Nahrung
und Geld ins Dorfleben brachten und für wirtschaftliche Stabilität sorgten. Kirchen und stattliche Häuser zeugen von vergangenem Reichtum
dieser Region. Sie bröckeln heute langsam vor sich hin, während Dörfer
wie Cervione, Valle-di-Rostino oder Morosaglia, weit entfernt vom Meer
und vom lukrativen Tourismus, sich unaufhaltsam entvölkern.

ALÉRIA ✍ F7

2067 Einwohner

Die modernen Häuser von Aléria
gruppieren sich ein Stück vom Meer
entfernt am Tavignano, die N 198 führt
durch den Ortskern hindurch. Die
historische Bedeutung des Ortes ist
immens: Auf den Mauern der griechischen Siedlung Alalia errichteten
die Römer 259 v. Chr. eine ihrer ersten
Handelssiedlungen auf Korsika. Sie
nannten sie Aléria. Während der Blütezeit des Römischen Reiches war Aléria Hauptstadt. Übrig sind heute nur
die Grundmauern des Stadtzentrums,
Bäder, Forum und Tempel hat man
eindeutig lokalisiert. Die Fundstücke
aus der Anlage sind sortiert und mit
Erläuterungen versehen im Museum
ausgestellt.

SEHENSWERTES

Alalia und Musée Jérôme-
Carcopino

Aléria war in der Antike die größte
Stadt Korsikas und zählte zu Spitzen-
zeiten über 20 000 Einwohner. Erst ein
kleiner Teil der antiken Stadt ist bis
heute entdeckt. Die 15 ha große Aus-
grabungsfläche der phokaischen Siedlung Alalia (565 v. Chr.) mit der alten
Hauptstadt der Insel liegt auf einem
etwa 70 m hohen Plateau am rechten
Ufer des Tavignano-Flusses. In der an-

tiken Totenstadt, der Nekropole, hat man Kammergräber, Grabbeigaben und ganze Begräbnisstraßen entdeckt und teilweise freigelegt. Ausgegraben wurde auch die antike Stadt Aléria, die von 500 bis 340 v. Chr. eine griechische Siedlung war und im Anschluss von den Römern übernommen wurde. Die archäologischen Arbeiten sind noch nicht abgeschlossen. Sie können aber trotzdem zwischen den Mauern herumspazieren und die Grundstruktur der Stadt erkennen.

Einen hervorragenden Einblick in die Antike gibt das Museum der Ausgrabungsstätte: Es zeigt in elf Räumen Material aus dem römischen Aléria und der Totenstadt der griechischen Siedlung. Untergebracht ist es im genuesischen Fort de Matra.

Mitte Mai–Sept. tgl. 9–12 und 13–18, Okt.–Mitte Mai Mo–Sa 8–12 und 14–17 Uhr | Eintritt 2 €

Ziele in der Umgebung

◎ ÉTANG DE DIANE UND ÉTANG D'URBINO ⚑ F 7

Schon die Römer züchteten in den beiden Strandseen Austern. Auch heute können Sie diese direkt an den Austernfarmen an beiden Seen kaufen oder Sie verspeisen die Spezialität fertig zubereitet im empfehlenswerten Restaurant, das auf einem künstlichen Inselchen im Étang de Diane schwimmt.

Étang de Diane: 7 km nördl. von Aléria, Étang d'Urbino: 18 km südl. von Aléria

ESSEN UND TRINKEN

Aux Coquillages de Diana

Frische Austern – Gepflegtes Restaurant mit gutem Service und grandiosem Seeblick. Frischer können Aus-

tern, Fisch, Gambas und Meeresfrüchte kaum sein.

Étang de Diane | Tel. 0 49 55 70 45 | www.restaurant-coquillagesdediana-aleria.com | €€

◎ FIUMORBO ⚑ E 8

Nur durch schmale Straßen erschlossen, die oft in den Dörfern enden, gehört das Fiumorbo zu den entlegensten Regionen Korsikas. Widerstand hat hier Tradition.

Wo sich früher korsische Banditen vor der Macht fremder Besatzer versteckten, bildete sich auch im Zweiten Weltkrieg ein wichtiges Zentrum der korsischen Résistance. Eines der schönsten Dörfer, die mit Weitblick auf den Bergen thronen, ist **Prunelli di Fiumorbo**. Ebenfalls ein beliebtes Ziel ist Ghisoni mit Hochseilgarten und Badegumpen im Fluss.

Vom **Col de Verde** beginnt eine Wanderung zur faszinierenden grünen Tümpellandschaft der Pozzines und weiter hinauf zum Monte Renosu (2352 m). Sehenswert ist auch das uralte Thermalbad von Pietrapola, das sieben Thermalwasserquellen besitzt. Die Heilquelle war bereits den Römern bekannt und ist heute noch in Betrieb. Das zugehörige Hotel ist zurzeit wegen Renovierung geschlossen.

14 km südl. von Aléria

◎ GHISONACCIA ⚑ E 8
3823 Einwohner

Schöne Strandabschnitte weitab von der Nationalstraße machen die Region um Ghissonaccia zum beliebten Ferienquartier. Lohnenswert sind Ausflüge ins einsame Fiumorbo.

25 km südl. von Aléria

MORIANI-PLAGE ⚑ F5

1300 Einwohner

Moriani-Plage, das Zentrum der Costa Verde, ist ein moderner Ort ohne echtes Zentrum und ohne große Höhepunkte, liegt aber als Basisquartier am Meer günstig für Ausflüge ins interessante Hinterland. Südlich von Moriani-Plage liegt mit dem Port de Taverna der einzige Jachthafen der Costa Verde.

30 km nördl. von Aléria

SEHENSWERTES

Parc Galea ⚑

In mehreren Pavillons, verteilt in einer 9 ha großen, mit Land Art eindrucksvoll geschmückten Parkanlage und stilvollen Ausstellungspavillons, informiert seit 2012 der Parc Galea mit kurzen Filmen, einer beachtlichen Sammlung alter Fotografien und mit Schaubildern über Geschichte, Fauna und Flora, Geologie, Musik und Kunsthandwerk auf Korsika.

Taglio Isolaccio | Route de l'ex CNRO | www.parcgalea.com | Mitte Mai–Mitte Juni tgl. 14–18, Juli–Mitte Sept. tgl. 10–19 Uhr | Eintritt 8 €, Kinder 4 €

ESSEN UND TRINKEN

L'Aroma Café ⚑

Eine kleine Oase – Nur wenige Tische stehen im gemütlichen Aroma Café, das sich in der Nähe von Moriani auf dem Gelände der Essences Naturelles Corses befindet. Im grünen Garten eines Hofgutes werden hier Kuchen und hausgemachter Eistee serviert.

San Nicolao | Lieu Dit bordeo | Tel. 04 95 38 46 04 | Juni–Sept. Mo–Sa 10–12.30, 15–19, Okt.–Mai Mo–Fr 10–12, 14–17 Uhr

Frische Austern dort genießen, wo sie wachsen: Am Badesee Étang de Diane (▶ S. 108) hat die Zucht der begehrten Muscheln eine lange Tradition.

EINKAUFEN

Poterie du Pratu

Klare Formen, fein und sehr sorgfältig gearbeitet und gut geeignet für den täglichen Gebrauch sind der Stil der Töpferin Aline Prat, die die Töpferei mit ihrem Mann betreibt. Die Glasuren – darunter viele sanfte Erdtöne – stellen die Künstler selbst her. Die Werkstatt befindet sich direkt neben dem Laden.

Am Ortsrand von Moriani-Plage an der Straße nach San Nicolao | www.poteriedupratu.com

◎ SOLENZARA E 9
1334 Einwohner

Der Küstenabschnitt um Solenzara wird auch »Côte des Nacres« – Perlmutt-Küste – genannt, weil man hier besonders viele Muscheln gefunden hat. Heute ist vor allem der große Jachthafen von Solenzara von Bedeutung, der im Sommer Leben in den Ort bringt. Höhepunkte des Jahres sind zwei große Wassersport-Events, der Salon Nautique im Mai und das französische Offshore-Championat Mare in Festa im September. Nördlich der Solenzaramündung gibt es einen schönen langen Strandabschnitt mit Strandbars. Die schönste Bucht der Region ist jedoch die **Plage de Carnelle** 5 km südlich des Ortes. Eine Alternative zum Meer bieten die tiefen Gumpen, die die Solenzara nur wenige Kilometer im Inland bildet. Auch die Ausflugsziele im Bavellagebiet sind zügig erreichbar.

30 km südl. von Aléria

AKTIVITÄTEN

Balades aquatiques

Wasserwanderungen – Balades aquatiques – sind eine einfachere Version des Canyonings, des Flusswanderns. Der spielerische Aspekt steht dabei im Vordergrund, besondere Sportlichkeit ist nicht vonnöten. Es gibt zwar auch kurze Rutschen durch Wasserfälle und kleine Sprünge, schwierige Stellen können aber umgangen werden. Der Genuss steht im Vordergrund. Eine geführte Balade aquatique hat Alpha Corse im abgelegenen Dorf Chisa bei Solenzara im Programm.

Chisa (22 km nordwestl. von Solenzara) | www.alpa-corse.com | Preis 45 €

Bad im Bergbach bei Solenzara 9

Das Wasser glasklar und so tief, dass die Füße keinen Grund mehr finden: Wenige Kilometer vor der Mündung ins Meer bildet der Fluss von Solenzara Gumpen, die ideal sind zum Abtauchen (▶ S. 15).

Wollen Sie's wagen?

Seilrutschen überqueren blaugrüne Wasserbassins, und eine Seilbrücke überspannt den Fluss. Die Parcours im landschaftlich außerordentlich reizvollen Hochseilgarten Forestparc an der Solenzara führen zwischen die Baumwipfel, über rote Felsen und immer wieder über das Wasser. Besonders die langen Seilrutschen erfordern ordentlich Mut.

7 km westl. von Solenzara | An der D 268 kurz hinter dem Camping Rosumarinu | www.forestparc-corse.com | Eintritt 19 €, bis 16 Jahre 16 €

CASTAGNICCIA E 4/5

Zwischen den Flüssen Golo und Tavignano erstreckt sich das Bergland der Castagniccia. Die Hänge sind dicht mit Kastanien bewachsen. Kurvige Straßen verbinden die Dörfer, die auf Felsvorsprüngen mitten im mediterranen Wald errichtet sind. Nur die mit Schieferplatten gedeckten Dächer der mehrstöckigen Steinhäuser überragen die Kastanienwipfel. Viele der stattlichen Häuser zerfallen, und auch die Kirchen haben schon bessere Zeiten gesehen.

In der Castagniccia wurde korsische Geschichte geschrieben. Pascal Paoli, der Held des korsischen Volkes, erblickte in Morosaglia das Licht der Welt. Im Kloster von Orezza wurde 1735 erstmals die Unabhängigkeit Korsikas ausgerufen, und im Kloster von Alesani krönte man den Abenteurer Theodor von Neuhoff zum einzigen König, den Korsika je hatte. Die mächtigen Kirchen in den Dörfern sind letzte Zeugen der Macht und des Reichtums, dessen Basis die Kastanien waren. Bis Ende des 19. Jh. war die Kastanie der Brotbaum der Bauern. Auf der kargen Insel wuchs wenig Getreide, die Edelkastanien gediehen an den steilen Hängen jedoch prächtig. Kastanienmehl war zur Zeit Paolis das Grundnahrungsmittel der Korsen, es wurde zu Brot verarbeitet oder zu einem nahrhaften Brei mit dem Namen Pulenta. Nirgendwo wachsen mehr Kastanien als in den grünen Bergen östlich von Corte. Heute sind sie ein Naturschauspiel, wirtschaftlich jedoch uninteressant geworden: Mit der Bedeutung der Kastanie verschwand auch der Reichtum, sodass die Castagniccia heute zu den am dünnsten besiedelten Regionen Korsikas gehört. Wo früher noch Tausende Bauernfamilien siedelten, leben heute mehr Schweine als Menschen.

Ziele in der Umgebung

◎ CORNICHE DE LA CASTA-GNICCIA E 5

Die Straße zwischen Cervione und San Nicolao hat man dem Berg abgetrotzt. Über Brückchen und durch Tunnel geht es blickreich über dem Meer entlang. Der hübsche Ort **Cervione** ist das Zentrum des korsischen Haselnussanbaus. Am letzten Wochenende im August feiert man hier die »fiera di a nuciola«, das Haselnussfest. Am anderen Ende der Bergstraße wartet das in Terrassen am Hang angelegte **San Nicolao**. Seine attraktive Barockkirche, die gerade frisch restauriert wurde, befindet sich 2 km außerhalb auf einer Anhöhe. Nicht nur die Lage ist reizvoll: Naive Malerei in kräftigen Farben schmückt den Innenraum.

SEHENSWERTES

Musée de L'Adecec

Im ethnografischen Museum des kleinen Ortes ist in 14 Sälen eine umfangreiche Sammlung an Gegenständen und Fotos zusammengetragen, die das Leben auf Korsika der letzten beiden Jahrhunderte beleuchten. Dabei werden traditionelle Berufe wie Schmied, Hirte oder Landwirt vorgestellt. Ein Raum zeigt den Weg von der Traube zum Wein, ein anderer beschäftigt sich mit der Herstellung der Kleidung, und hinter der nächsten Tür geht es um die Wildschweinjagd. Cervione | Place Jean Simonetti | Mo–Sa 10–12 und 14.30–18 Uhr | www.adecec.net | Eintritt 3 €

ÜBERNACHTEN
Maison Borghetti ▶ S. 25

◎ LA PORTA   ⚑ E 5
250 Einwohner

Verborgen am Hang des Monte San Petrone (1767 m), ist La Porta nur auf schmalen Sträßchen zu erreichen. Umso mehr überrascht der große Platz am westlichen Ortsrand: Hier steht St-Jean-Baptiste, eine der mächtigsten und schönsten Barockkirchen der Castagniccia. Der 45 m hohe Campanile ragt einzeln neben dem zwischen 1648 und 1680 nach Plänen des Mailänder Architekten Domenico Baina errichteten Kirchengebäude in den Himmel. Im Inneren schmücken üppige Malereien die Wände und das Gewölbe. Die Orgel der Kirche stammt aus dem Kloster von Rogliano, das in einer »Aufräumaktion« der Französischen Revolution dem Erdboden gleichgemacht wurde. Der mit dem Abriss des Gebäudes betraute Kommissar ließ das Instrument in den Heimatort seiner Frau nach La Porta bringen, um es vor der Zerstörung zu retten.

Porta la Pastino | Eintritt frei

ÜBERNACHTEN/EINKAUFEN
Casa di Cornu   ⚑ E 5

Dorfleben auf Zeit – Im winzigen Weiler Stoppia Nova, westlich von La Porta, bewirtschaften Felix und Anita Tomasi den alten Kastanienhain, der das Dorf umgibt. Zwei der Steinhäuser im Ort haben sie zu rustikalen Ferienwohnungen ausgebaut. In einem kleinen Laden kann man korsische Produkte erstehen, und mit vorheriger Anmeldung können Sie an einer Führung zur Kastanienmühle teilnehmen.

Quercitellu, Stoppia Nova | Tel. 04 95 39 23 91 | www.casadicornu.com | €€

◎ MOROSAGLIA   ⚑ D 5
1072 Einwohner

Im Bergdorf Morosaglia kam am 6. April 1725 der Widerstandskämpfer Pascal Paoli zur Welt, der Korsika in seine einzige kurze Phase der Unabhängigkeit führte. Mit dem Namen »Babbu di a Patria«, Vater des Vaterlandes, ehren die Korsen ihn heute noch, etliche Plätze und Straßen auf der Insel sind nach ihm benannt.

MUSEEN UND GALERIEN
Musée Pascal Paoli

Das Museum, eingerichtet in Paolis Elternhaus, informiert über die außergewöhnliche Geschichte seines Lebens. Ein kurzer Film (auch auf Deutsch) versorgt Sie mit den wichtigsten Informationen über den korsischen Widerstandskämpfer. Im originalgetreu hergerichteten Haus sind Möbel, Waffen und Dokumente aus dem Besitz Paolis zusammengetragen. Anschließend können Sie das Grab in der Familienkapelle neben dem Haus besuchen. Die Urne wurde 1889 aus London überführt, wo Paoli am 5. Februar 1807 nach langen Jahren im Exil verstarb.

Hameau de Stretta | Mai–Sept. tgl. 8–12, 13–18, Okt.–April Mo–Sa 8–12, 13–17 Uhr | Eintritt 2 €

◎ PIEDICROCE   ⚑ E 5
127 Einwohner

Das eigentliche Zentrum von Piedicroce befindet sich am Ortsrand. Vom Platz vor der Kirche hat man einen guten Blick auf die grün bewaldeten Hänge und Berge, und die Tische der

Bar laden zu einer Pause ein. Besonders sehenswert ist die Barockkirche St-Pierre-et-Saint-Paul, die im Inneren reich bemalt und mit einer alten Orgel aus dem 17. Jh. ausgestattet ist.

SEHENSWERTES

Couvent d'Orezza ✔ E5

1458 von Franziskanern gegründet, hat das Kloster von Orezza viele Jahre korsischer Geschichte gesehen. Wo heute Kühe zwischen bröckelnden Mauern im Schatten dösen, wurde 1735 die Unabhängigkeit Korsikas ausgerufen. Anfang des 19. Jh. wurde das Kloster verlassen. Im Zweiten Weltkrieg nutzte die italienische Armee die Kirche als Munitionsdepot, 1943 zerstörte die deutsche Luftwaffe das Gebäude. Eine Initiative zur Renovierung der Ruinie scheiterte, und auch der Status als Monument historique wurde dem Kloster verweigert.

1 km nördl. von Piedicroce an der D 71

Source d'Orezza ✔ E5

Das beste Tafelwasser Korsikas kommt aus der Castagniccia. Das Quellwasser von Orezza wird schon seit 1865 zum Verkauf abgefüllt. Vor der Abfüllanlage sprudelt die alte Quelle in ein rostrotes Becken. Probieren ist erlaubt. Allerdings wird man den vertrauten Geschmack des Wassers aus den schlanken Flaschen mit dem blauen Etikett kaum wiedererkennen: Das frische Quellwasser enthält extrem viel Eisen, und so schmeckt es auch. Vor der Befüllung der Flaschen wird dem Quellwasser Eisen entzogen.

www.orezza.fr

6 km nördl. von Piedicroce an der D 506

Wenn Steine sprechen könnten, hätten diese viel zu erzählen: Das Couvent d'Orezza (▶ S. 113) bei Piedicroce ist ein jahrhundertealtes Kloster.

Im Fokus
Pascal Paoli, Held des Widerstands

»U Babbu di a Patria« – Vater des Vaterlandes –,
mit diesem Namen ehrt man Pascal Paoli in seiner Heimat.
Außerhalb Korsikas ist der Mann, der sich bereits im 18. Jahrhundert
für demokratische Strukturen stark machte, fast unbekannt.

Seine Geschichte ist bemerkenswert: Pascal Paoli führte das korsische Volk in seine einzige Phase der Unabhängigkeit. Bereits 1755, während Europa noch fest in der Hand von Monarchen liegt, entsteht auf der Mittelmeerinsel eine Republik mit demokratischen Strukturen. Paoli installiert das Prinzip der Gewaltenteilung und lässt ein nationales Parlament wählen. Das Wahlrecht gilt für alle Korsen über 25 Jahren – Männer und Frauen. Mit fester Hand unterbindet er die Vendetta, die die Insel immer wieder ihrer fähigsten Männer beraubte.

Erstmals bekommt das korsische Volk Zugang zu Landbesitz und Schulbildung. In Corte entsteht die erste Universität der Insel, die die zukünftige politische Elite des Landes ausbilden soll. Doch das Glück ist von kurzer Dauer: Am 9. Mai 1769 unterliegen die Truppen Paolis bei Ponte Nuovo der französischen Armee, und die junge Republik ist am Ende. Korsika ist jetzt ein Teil Frankreichs. Paoli geht nach England ins Exil, wo er auch sterben wird.

◀ Der korsische Staatsmann Pascal Paoli,
wie ihn der Bildhauer sah.

GEBOREN IN UNRUHIGEN ZEITEN

Pascal Paoli kam am 6. April 1725 als jüngster Sohn einer angesehenen Familie in Morosaglia in der Castagniccia zur Welt. Er wurde in eine unruhige Zeit geboren. Die genuesischen Gouverneure verwalteten die Insel schlecht: Hohe Steuern quälten die korsische Bevölkerung, die Küsten waren unsicher, und ein funktionierendes Rechtssystem existierte nicht. Stattdessen regierte die Vendetta die Dörfer. 1729 provozierte eine neue Steuer einen Aufstand. 1735 proklamierte eine Versammlung in Orezza die Unabhängigkeit Korsikas. Hyacinthe Paoli, Pascals Vater, war einer der drei gewählten Anführer. Die schlechte Ausrüstung der Rebellen ließ den Aufstand jedoch schnell verpuffen. Paoli ging ins Exil nach Neapel, seinen Sohn Pascal nahm er mit. Was wie eine Tragödie klingt, wurde für den 14-Jährigen zum Glücksfall. Er besuchte in Neapel die Militärschule und beschäftigte sich mit den Ideen der Aufklärung. Als in seiner Heimat erneut ein Aufstand ausbricht, ruft man den 30-Jährigen nach Korsika zurück. Dieses Mal hält der Erfolg an: 1756 erhält Korsika seine neue Verfassung. Corte wird Hauptstadt, und Paoli beginnt seine Ideen umzusetzen. Die junge Republik erregt Aufmerksamkeit. Der englische Schriftsteller James Boswell widmet ihr das Buch »An account of Corsica«. Auch der französische Philosoph Jean Jacques Rousseau, dessen Gedanken wenig später die Basis der Französischen Revolution sein sollen, unterstützt die Ideen Paolis. Als dieser nach der Niederlage an der Ponte Nuovo erneut seine Heimat verlassen muss, wird er im Kreis der Intellektuellen seiner Zeit mit Ehren empfangen.

PAOLI UND DIE FRANZÖSISCHE REVOLUTION

20 Jahre später ist Frankreich in Aufruhr. Am 14. Juli 1789 stürmt das Volk die Bastille, und Paoli kehrt als Präsident des neuen Départements Korsika in seine Heimat zurück. Schnell gerät er in die Wirrungen der radikaler werdenden Französischen Revolution. Sein Kurs ist gemäßigt, sodass er 1772 als Revolutionsgegner zum Staatsfeind erklärt wird. Paoli sucht Hilfe in England und erkämpft mit dessen Unterstützung eine Republik unter englischem Protektorat im Norden der Insel. An deren Spitze stellt England jedoch den Vizekönig Sir Gilbert Elliot. Paoli wird nach England zurück beordert und stirbt zehn Jahre später am 5. Februar 1807 in London.

CORTE UND DIE INSELMITTE

Badeurlauber zieht es an die Küste, Wanderfreunde auf den Weitwanderweg GR 20. Wer aber etwas über die Identität der Mittelmeerinsel erfahren will, der muss in die Inselmitte und zur heimlichen Hauptstadt, nach Corte.

Hirten und Jäger, stolz, gastfreundlich, der Ehre verpflichtet und immer gut bewaffnet – so sieht das Bild aus, das Prosper Mérimée in seinem Roman »Colomba« aus dem Jahr 1840 von der korsischen Landbevölkerung des 18. Jh. zeichnet. Die Männer, die sich den fremden Gesetzen widersetzten und als Banditen vogelfrei und gejagt in der Macchia leben, sind die Helden des Volkes und die Helden der alten Geschichte um Orso Antonio della Rebbia und seine Schwester Colomba. Meist wurden die Flüchtigen in der Wildnis von ihren Dörfern unterstützt und ernährt. Sicher, die Zeit der Banditen ist lange vorbei, und auch der Vendetta, die das korsische Volk seiner besten Köpfe beraubte, machte glücklicherweise schon Widerstandskämpfer Pascal Paoli ein Ende, und doch beschreibt die alte Geschichte in erstaunlich zeitloser Sprache die Wurzeln der korsischen Kultur. Das Leben der Hirten in den rauen Bergen war

◀ Die Citadelle von Corte (▶ S. 118) beherbergt das korsische Nationalmuseum.

hart und einfach. Dem steinigen Boden die Grundlagen zum Leben abzuringen beanspruchte meist die ganze Kraft und den vollen Einsatz der ganzen Familie.

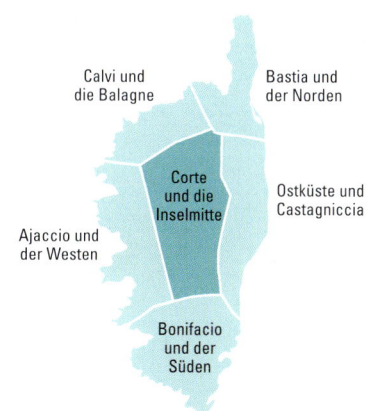

Calvi und die Balagne

Bastia und der Norden

Corte und die Inselmitte

Ostküste und Castagniccia

Ajaccio und der Westen

Bonifacio und der Süden

HOCH HINAUS

Wenn Sie heute die Berge in der Inselmitte besuchen, finden Sie ein Paradies für Wanderer und Outdoor-Sportler. Unter dem Namen Parc Naturel Régional de Corse steht die komplette Region unter Naturschutz. Die Berge im Zentrum der Insel erreichen Höhen über 2000 m. Der höchste von ihnen ist der Monte Cinto mit 2706 m. Der legendäre Weitwanderweg GR 20, der in 15 Etappen über die höchsten Gipfel des unbewohnten Berglandes führt, ist eine außerordentlich reizvolle Herausforderung für erfahrene Wanderer. Aber auch wenn Sie es etwas gemütlicher angehen wollen, finden Sie in den Bergen um Corte auf gut markierten Wegen viele lohnende Routen. Ein ganz besonderes Highlight der korsischen Berge sind die vielen Bäche, die selbst im Hochsommer ausreichend Wasser führen, um Wanderer mit tiefen Badegumpen zu beglücken. Viele der meist glasklaren Wasserbecken sind von den Wanderwegen erreichbar, andere verbergen sich in unzugänglichen Schluchten. So erfreut sich das Canyoning, bei dem man zwischen kleinen Wasserfällen und türkisblauen Bassins in Regionen vordringt, die dem Wanderer verborgen bleiben, wachsender Beliebtheit. Schnuppertouren in den einfacheren Canyons gibt es sogar für Familien mit Kindern.

CORTE

7000 Einwohner
Stadtplan ▶ S. 119

🡒 D 6

Korsikas alte Inselhauptstadt ist die Wiege der Unabhängigkeitsbewegung, aber kein Freilichtmuseum, sondern ein lebendiger Ort mit vielen Studenten. Denn hier gründete Pascal Paoli 1765 die erste korsische Universität, die seit ihrer Wiedereröffnung 1981 zu einem wichtigen Zentrum der korsischen Kultur avanciert ist.

Die kleine, aber geschäftige Place Paoli ist mit ihren Cafés und Restaurants der Stadtmittelpunkt. Von dort führen Treppen in die engen Gassen der Altstadt, wo sich ineinander verschachtelte Häuser mit bröckelndem Putz und sehr viel Patina am Hang hinauf um die sandfarbenen Mauern der Zitadelle drängen. Auf einem hohen Felsen errichtet, ragt diese weit aus dem Häusermeer heraus und ist das weithin sichtbare Wahrzeichen von Corte. Am höchsten Punkt der Altstadt erlaubt ein Belvedere den Blick über die Stadt – besser ist der Ausblick nur noch vom Turm der Zitadelle.

SEHENSWERTES

❶ Altstadt

Über der Place Paoli liegt die Altstadt mit ihren autofreien Gassen, der Place Saint-Théophile und Place Gaffori. Hier wurde dem Freiheitshelden Gianpietro Gaffori (1704–1753) ein Denkmal gesetzt. Noch vor Paoli organisierte Gaffori den Widerstand gegen die Besatzer aus Genua. Von den einstigen Kämpfen zeugen noch heute eindrucksvoll die Einschusslöcher in den Hauswänden.

❷ Citadelle

Die Zitadelle von Corte besteht aus zwei Ebenen. Der älteste Teil der Anlage ist die Burg oben auf dem Felsen mit dem Nid d'Aigle (Adlernest) genannten Aussichtsturm. Sie wurde bereits 1419 von spanischen Besatzern unter Vincentello d'Istria errichtet. In den etwas tiefer gelegenen Baracken waren früher Soldaten untergebracht. Heute befinden sich hier Unterrichtsräume der Universität, die Touristeninformation und hinter einer modernen Glasfront, elegant in das alte Gemäuer integriert, die Räume des Musée de la Corse.

Eine Besichtigung der kompletten Anlage mit Burg und Adlerhorst ist nur im Rahmen eines Museumsbesuches möglich.
Zugang über Musée de la Corse

❸ Musée de la Corse

Das Museum zeigt Werkzeug, Haushaltsgegenstände und Kleidung mehrerer Jahrhunderte. Die Ausstellungsstücke werden ergänzt durch stimmungsvolle Zeichnungen an den Wänden, so entsteht in den Räumen ein atmosphärisches Bild verschiedener Aspekte korsischer Kultur. Vom ersten Stock haben Sie Zugang zu den Außenanlagen und zur Burg auf dem Felssporn.
Citadelle | Juni–Sept. tgl. 10–20, Okt.–Mai Di–Sa 10–18 Uhr | Eintritt 5,30 €, Kinder frei

ESSEN UND TRINKEN

❹ La Rivière du vin

Einfach und lecker – Etwas abseits der Altstadt an der Treppe zur Kapelle St-Croix, die vom trubeligen Cours Paoli abzweigt, sitzt man hier ebenfalls sehr angenehm. Gegrilltes vom Holzfeuer und eine sehr gute »Salade du berger« mit Käse und korsischem Schinken. Gute Auswahl an Wein und Aperitif.
5 Rampe Sainte-Croix | Tel. 04 95 46 37 04 | €€

❺ U Campanile ▸ S. 29

❻ U Museo

Terrasse im Grünen – Im geschützten Innenhof unterhalb der Zitadelle sitzt man in einer grünen Oase. Das Restaurant bietet eine gute Auswahl der gän-

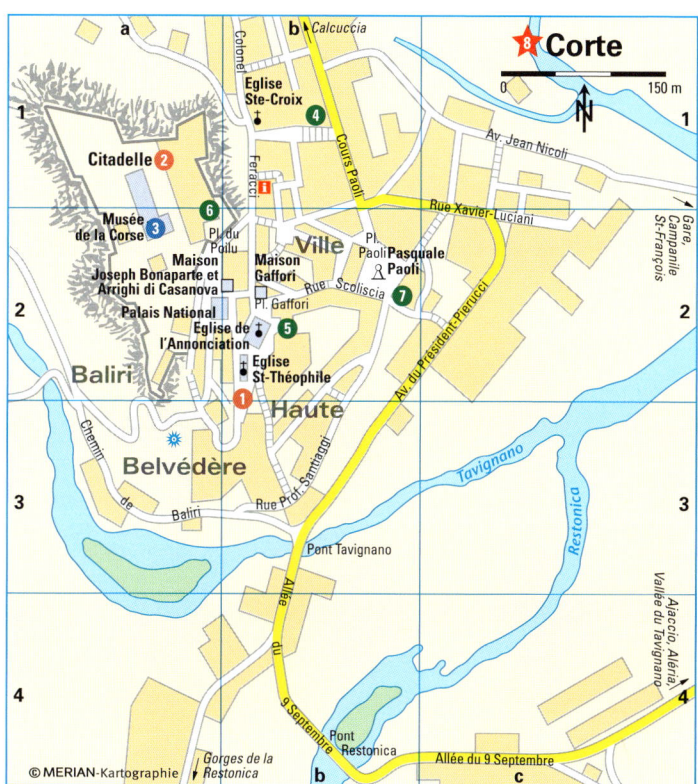

gigen regionalen Spezialitäten und ein preisgünstiges Menü mit zwei bis vier Gängen.

Rampe Ribanelle | Vieille Ville | Tel. 04 95 61 08 36 | €€

7 U San Teofalu

Gut und günstig – Angenehm überdachte Terrasse an der Place Paoli. Freundlicher Service und solide, schmackhafte Küche. Auch das einfache Menü des kleinen Restaurants ist empfehlenswert.

3 Place Paoli | Tel. 04 95 38 15 71 | €–€€

EINKAUFEN

Clos Venturi und Biscuiterie Anne Marchetti   D 5

Klein, rund, luftig und in poppigen Farben, gefüllt mit einem Hauch süßer Creme: Die Biscuits von Anne Marchetti zergehen förmlich auf der Zunge. Wein aus dem nahe gelegenen Weingut Clos Venturi, Gewürze und weitere handverlesene edle Produkte warten in den Regalen des schön gestylten Steinhauses.

17 km nördl. von Corte | An der N 193 zwischen Francardo und Ponte Leccia

Lana Corsa D 5

Gefilzte Hüte, handgestrickte Pullover und handgefärbte Wolle: Auch wenn der korsische Sommer nicht nach wärmenden Utensilien verlangt, das Atelier von Lana Corsa lohnt einen Stopp. Verarbeitet wird ausschließlich die weiche Wolle der einjährigen Schafe. Man kann es kaum glauben: Die intensiven Farben der Knäuel in den Regalen entstehen ausschließlich mit Naturfarben.

Ponte Leccia, U Salgetu
17 km nördl. von Corte

AKTIVITÄTEN

U Trinighellu

Eine Fahrt mit Korsikas Schmalspurbahn eröffnet eine unvergleichliche Sicht auf die Insel. »U trinighellu« – »der Zitternde« – nennt der Volksmund den Zug wegen seiner holperigen Streckenführung. Heftig schnaufend und wackelnd, durchquert er die Insel der Länge nach und verbindet dabei Bastia, Corte und Ajaccio. Besonders spannend ist die Fahrt zwischen Corte und Vizzavona, wo sie mitten durch einsames Bergland führt. Der Zug rüttelt durch endlose Kurven, Tunnel und über Brücken, und vor den Fenstern ziehen wilde Schluchten vorbei. Das imposanteste Bauwerk der Strecke ist die 1888 errichtete Ponte Vecchio. Das Eisenkonstrukt ist ein Entwurf Gustave Eiffels und überspannt bei Venaco in einer Höhe von 80 m die Schlucht des Vecchio.

Abfahrt 5× tgl. zwischen Corte und Ajaccio, mit Stopps in Venaco, Vizzavona und Bocognano | Fahrt Corte–Ajaccio 11,50 € (einfach) | Fahrplan: www. corsicabus.org

Vallée du Tavignano

Westlich der Stadt ist das Tavignano-Tal durch einen Wanderweg erschlossen. Der markierte Maultierpfad beginnt am Parkplatz hinter der Zitadelle und führt in gut zwei Stunden immer am Hang entlang bis zu einer Bachbrücke, wo eine große smaragdgrüne Gumpe mit Kiesstrand zur ausgiebigen Pause einlädt. Zurück geht es auf gleichem Weg.

Am Ortsrand von Corte | Gehzeit: 4–5 Std. | ca. 300 Höhenmeter

Ziele in der Umgebung

◎ BOZIO D/E 5/6

Östlich von Corte beginnt die schwer zugängliche Berglandschaft des Bozio. Die Straßen rund um **Bustanico, Carticasi, Sermano, San Lorenzo** und **Favalello** sind extrem schmal und äußerst kurvig. In diesen so winzigen wie entlegenen Bergdörfern hat sich ein reiches kulturelles Erbe erhalten. Zu entdecken gibt es mehrere schöne Kirchen romanischer Bauart. Besonders sehenswert ist die Kapelle San Nicolao unterhalb von Sermano mit schönen Fresken aus dem 15. Jh. Ein markierter Weg führt in 15 Min. aus dem Dorf hinunter, den Schlüssel bekommen Sie oben im Dorf. Die Dörfer des Bozio sind mit markierten Wanderwegen verbunden und der Weitwanderweg »Mare a Mare Nord« durchquert die Region südlich von Sermano. Wer fit ist, erforscht die engen Bergstraßen mit dem Fahrrad. Gute Bikes leihen Sie bei Altipiani an der Place Paoli in Corte (www.altipiani-corse.com).

Zufahrt: Richtung Aleria (N200) und dann nach 5 km auf die D 39 Richtung Norden 10 km östl. von Corte

ÜBERNACHTEN

Cambres d'hôte Casa Capellini

Natur und Stille – Freundliches Haus am Hang im Bergdorf Sant'Andrea-di-Bozio. Schöne kleine Gastzimmer mit tollem Ausblick, eigenem Bad und sehr gutem Frühstück. Familiäre Atmosphäre, auf den Tisch kommen ausschließlich regionale Bio-Produkte.

Sant'Andrea-di-Bozio | Pascale et Jean-François Luciani | Tel. 04 95 48 69 33 | 5 Zimmer | €€

◎ NIOLO ◢ C 4/5

»Nicht ein Blatt, nicht eine Pflanze nur Granit, nichts als Granit«, so beschrieb Guy de Maupassant 1882 in einer Novelle das Niolo. Tatsächlich ist die Landschaft um den großen Stausee von Calacuccia von rauer Schönheit. Auf knapp 1000 m Höhe verteilen sich die Orte **Albertacce**, **Casamaccioli** und **Calacuccia** um den See. Maupassants Geschichte des Banditen Santa Lucia spielt nicht von ungefähr im Niolo. Selten drangen Fremde in die abgelegene Bergregion vor.

Egal ob Sie sich der Hochebene von Corte oder von Porto nähern: Die Zufahrt ist kurvenreich und braucht Zeit. Im Osten bietet die über 10 km lange Scala Santa Regina mit einem dramatisch in den Fels gesprengten Sträßchen die einzige Zufahrt. Im Westen geht es ebenso kurvig durch die Gorges de Spelunca zum Col de Vergio, wo der berühmte GR 20 die Passstraße quert.

Heute ist das Niolo ein Traumziel für erfahrene Bergwanderer. Rund um die Hochebene versammeln sich die stattlichsten Berge der Insel: Monte Cinto,

Auf dem Col de Vergio (▶ S. 121), dem höchsten Pass der Insel, steht seit 1984 die 6 m hohe Granitfigur des Christ Roi. Hier oben kreuzt auch der Wanderweg GR 20.

Capu Tafunatu, Paglia Orba. Die Königstour der Region ist der Aufstieg von Lozzi auf den höchsten Gipfel der Insel, den Monte Cinto (2706 m). Für die Bergtour mit 1600 Höhenmetern müssen Sie gut zehn Stunden reine Gehzeit kalkulieren.

Genauso anspruchsvoll, aber deutlich kürzer (ca. 6 Stunden) ist die Tagestour durch das Golotal zum Paglia Orba (2525 m). Sie beginnt an der Passhöhe des Col de Verghio westlich der Hochebene und folgt der Markierung einer GR 20-Variante, die hier die Straße kreuzt. Wenig erfahrene Wanderer folgen dem Weg vom Col de Vergio nur bis zu den Cascades de Radule, wo der Golo schöne Badegumpen bildet. Etwas unterhalb des Col de Vergio, am Forsthaus von Poppaghia, startet auch der Wanderausflug (▶ S. 130) zum Lac de Nino.

22 km nordwestl. von Corte

◎ VALLÉE D'ASCO   🚩 C 5

Auch im Asco-Tal nördlich von Corte lockt der Monte Cinto. Ein beliebter Aufstieg auf den höchsten Berg der Insel beginnt am Ende der Straße in Asco. Der Weg auf den Gipfel dauert von hier etwa fünf Stunden. Sehr reizvoll ist auch der viel einfachere Weg im Seitental der Tassineta, wo bereits nach wenigen Minuten Wanderzeit die ersten Badegumpen im Fluss erreicht sind. Asco, die einzige Ortschaft im Tal, bietet eine Handvoll einfacher Unterkünfte. Eine schmale Asphaltstraße führt am Ortsende hinunter zum Fluss, wo man unter einer äußerst fotogenen alten genuesischen Brücke auf eine schöne Badegumpe trifft.

22 km nordwestl. von Corte

Wollen Sie's wagen?

Tiefe blaugrüne Gumpen und Wasserfälle zwischen schön gefärbten Felsen: Korsikas Schluchten sind von einmaliger Schönheit. Gesichert mit Gurt und Seil unter kundiger Führung steigt man durch Wasserfälle in einsame Flusstäler. Die Höhepunkte einer Canyoningtour sind jedoch Felsrutschen und Sprünge vom Felsen ins tiefe Wasser – wenn Sie sich trauen… Für den ersten Versuch gibt es auch leichte Einsteigertouren.

AKTIVITÄTEN

In Terra Corsa und die Ascosa Ecolodge

Einer der erfahrensten Outdoor-Anbieter der Insel ist das Team von In Terra Corsa (www.interracorsa.com). Seit 2011 bietet der Veranstalter mit der Ascosa Eco Lodge an der Zentrale in Ponte Leccia auch Zimmer an. Zwar steht das kantige Haus direkt an der Durchgangsstraße. Wer aber den Eingangsraum durchquert, den erwartet ein schönes Café und dahinter die Lodge. Zum freundlich grünen Hinterhof öffnen sich sieben helle Zimmer. Die Einrichtung ist geschmackvoll modern, nur das offene Bad in den Zimmern ist etwas gewöhnungsbedürftig. Frühstück mit regionalen und biologischen Produkten. Optimal ist die Lodge für sportliche Urlaubstage: Es gibt zum Zimmer günstige Erlebnis-Pakete. Canyoning, Rafting, Hochseilgarten, Klettersteig oder eine Kajaktour – im Programm von In Terra Corsa ist die Auswahl groß.

Beim Aufstieg zum Lac de Capitello (▶ S. 124) haben Wanderer den Bergpfad beinahe für sich alleine – die meisten kommen über das Ufer des blauen Lac de Melo (▶ S. 124) nicht hinaus.

Ponte Leccia | Tel. 04 95 47 69 48 | www.ascosa.net | €€
Am Beginn der Zufahrt ins Vallée d'Asco 9 km östl. des Vallée d'Asco

◎ VALLÉE DE LA RESTONICA ⚑ D 6

Der Weg ins Restonica-Tal lässt Sie bereits Höhenluft atmen: Auf einer Strecke von 15 km Länge überwindet die schmale Straße 1000 Höhenmeter. Am Talende findet sich ein Wanderparkplatz sowie die **Bergerie de Grottelle**, in der man frischen Ziegenkäse und andere regionale Produkte kaufen kann. Bis zur Bergerie begleitet der Restonica-Fluss die schmale D 623. Im unteren Bereich bei Corte kann man an mehreren Stellen zum Wasser hinabsteigen, wo schöne Bassins zum Baden einladen.

Zwei Ziele, die sich von der Bergerie aus in ein bis zwei Stunden Gehzeit erreichen lassen, sind der **Lac de Melo** und der **Lac de Capitello**. Beide Bergseen werden vom Restonica-Fluss gespeist. Im Hochsommer ist die enge Bergstraße hinauf schnell überfüllt, parken darf man nur auf den ausgewiesenen Parkplätzen (Gebühr 5 €).
6 km südl. von Corte

AKTIVITÄTEN

Lac de Melo und Lac de Capitello

🚩 C 6

Ein Wanderpfad führt vom Parkplatz bei der Bergerie de Grotelle hinauf zum Bergsee Lac de Melo. Nach einer einfachen ersten Passage teilt sich der Weg: Links geht es über den »accès facile« steil, aber unkompliziert weiter, rechts wartet der spannendere »accès difficile«. Kurz bevor man den See erreicht, führt der Weg durch eine Felswand nach oben. Zwei Metallleitern, an denen sich in der Hochsaison regelrechte Staus bilden, entschärfen die Passage. In weiteren 45 Min. steigt man vom Lac de Melo hinauf zum deutlich stilleren Lac de Capitello.

ÜBERNACHTEN

Hotel Dominique Colonna

Tolle Lage – Komfortables Drei-Sterne-Hotel mit stilvoll eingerichteten Zimmern und Pool. Am schönsten sind die Zimmer mit Blick zum Wasser. Das Frühstück gibt es bei gutem Wetter auf der Terrasse am Flussufer. Direkt neben dem Restaurant Auberge de la Restonica.
Route de Restonica | Tel. 04 95 45 25 65 | 29 Zimmer | www.dominique-colonna.com | €€€

ESSEN UND TRINKEN

Auberge de la Restonica

Speisen am Fluss – Direkt an der Restonica in einem schönen alten Steinhaus, mit Terrasse über dem Fluss. Auf der Karte stehen traditionell korsische Gerichte und ein preisgünstiges Menü. Im Sommer auch Pizza und Snacks.
Route de Restonica | Tel. 04 95 46 09 58 | www.aubergerestonica.com | €€–€€€

⊚ VENACO

🚩 D 6

750 Einwohner

Steinhäuser gruppieren sich um den kleinen Platz mit Brunnen direkt an der Nationalstraße. Von den Tischen der Bar blickt man ins Tal und in den Ort. Ansonsten ist das Dorf ein guter Ausgangspunkt für Ausflüge: Das Vecchio-Tal mit schönen Badegumpen liegt gleich vor der Tür, nach Corte fahren Sie nur wenige Minuten, und die Wandergebiete sind schnell erreicht. Sogar die Schmalspurbahn hält am Bahnhof von Venaco.
10 km südl. von Corte

ÜBERNACHTEN

Hotel U Palazzu

Ruhig und freundlich – Mächtige Kronleuchter und fürstlich anmutende Ölgemälde, festliche Stoffe und tiefe Sessel in kräftigem Rot – die Innenausstattung des schmucken Steinhauses in der Ortsmitte von Venaco wirkt üppig und barock. Die Zimmer sind nicht groß, aber gepflegt und gemütlich. Ein Haus, in dem man sich willkommen fühlt.
Tel. 04 95 60 01 01 | www.hotel-upalazzu.fr | €€

⊚ VIZZAVONA

🚩 D 7

10 Einwohner

Der 1163 m hohe Col de Vizzavona liegt genau auf der Grenze zwischen den Départments Corse du Sud und Haute Corse. Im Sommer ist der Bahnhof von Vizzavona ein beliebter Ausstieg aus dem GR 20, der am Pass die Nationalstraße quert.
Die Route der Schmalspurbahn von Ajaccio nach Corte wurde 1889 eröffnet und brachte die ersten Touristen in

Alle einsteigen, bitte! Mit der Schmalspurbahn U Trinighellu geht es von der Haltestelle Vizzanova (▶ S. 124) aus in die fantastische Bergwelt Korsikas.

die Berge. Vizzavona entwickelte sich damals schnell zum Nobelquartier für wohlhabende Bürger aus Ajaccio und betuchte britische Touristen, die im heißen korsischen Sommer hier oben in den Bergen und in den schönen Badebecken des Agnone Erfrischung suchten.

Relikt dieser Zeit ist die Ruine des Grand Hotel de la Forêt und der Name **Cascades des Anglais** 🔴 für eine Reihe idyllischer Badegumpen mit kleinen Wasserfällen in der Nähe des Dorfs. Vom Parkplatz an der Passhöhe kann man in einer knappen halben Stunde über einen breiten Fahrweg zum Fluss und zu den Cascades hinunter steigen. Die ersten Badebecken in der Nähe des Imbissstandes sind meist gut besucht. Folgt man jedoch der rauen, steinigen Trasse des GR 20 am Bach entlang weiter bergauf, wird es schnell einsamer.

Nach anderthalb Stunden quert der GR 20 den Bach oberhalb eines schönen Bassins und führt zu einer eindrucksvollen Hochebene mit den Mauerresten der ehemaligen Bergerie de Tortetto.

35 km südl. von Corte

TOUREN
AUF KORSIKA

Pferde weiden im stillen Bergkessel:
Der Lac de Nino (▶ S. 130) ist ein Idyll.

WANDERTOUR UM DAS CAP CORSE

CHARAKTERISTIK: Im sanften Auf und Ab führt der Küstenpfad Sentier des Douaniers am Meer entlang durch das Naturschutzgebiet von Capandula (▶ S. 64). Badebuchten und Panoramablicke setzen unterwegs Akzente. **DAUER:** Die beschriebene Wanderung führt in 3,5 Stunden (einfacher Weg) auf schmalen, aber unkomplizierten Küstenwegen von Macinaggio nach Barcaggio. Die Anfahrt erfolgt im Juli und August mit Bootstransfer von Macinaggio dreimal täglich mit der U San Paulu (www.sanpaulu.com). In der Nebensaison eingeschränkte Fahrzeiten! Der Küstenweg führt von Barcaggio weiter nach Centuri-Port. **LÄNGE:** 13 km **EINKEHRTIPP:** In Barcaggio in der Bar U Pescadore (Ersa, Tel. 04 95 35 64 90) **AUSKUNFT:** www.destination-cap-corse.com
⚓ D/E 1

Die Wanderung auf dem Sentier des Douaniers (Zöllnerweg) beginnt mit einer Bootsfahrt: Nachdem Sie bei U San Paulu (www.sanpaulu.com) die Fahrt nach Barcaggio gebucht haben (telefonisch oder am Hafenstand), bringt Sie das Ausflugsboot der Linie vom Hafen in Macinaggio nach Barcaggio. Hier beginnt der Weg. Immer am Strand entlang steuern Sie von Barcaggio auf den weithin sichtbaren Genuesenturm Tour d'Agnello zu, den Sie nach ca. 45 Minuten erreichen. Bei unserem Besuch war die Tür offen, und man konnte den Turm betreten. Eine Leiter führt in den ersten Stock. Von diesem ersten Zwischenstopp geht es ein gutes Stück hinauf zum höchsten Punkt der Wanderung auf der Cima di a Campana (187 m). Von hier oben lässt sich beinahe der komplette Weg überblicken. Steil geht es wieder hinunter und die felsige Küste entlang zu drei Sandbuchten: Cala Francese, Cala Genovese und die größere Rade de Santa Maria mit einem halb zerstörten Wachturm. Alle drei Buchten eignen sich auch für eine Badepause.

An der Küste entlang laufen Sie weiter. Draußen auf dem Meer erkennen Sie die winzigen Îles Finnochiarola, auf denen sich ein Vogelschutzgebiet befindet. Hinter einem weiteren Hügel kommt die lange Sandbucht von Tamarone in Sicht, die einmal einer der schönsten Badeplätze des Caps war. Da die Bucht mittlerweile unter Naturschutz steht, wird ihr Strand nicht mehr gepflegt. Was dazu führt, dass Badegäste einen gewaltigen – und nicht immer gut riechenden – Seetanggürtel überwinden müssen, um in das weiterhin strahlend blaue Wasser zu gelangen. In der Hochsaison finden Sie hinter dem Strand einen Kiosk. Dann folgen Sie ein Stück dem Fahrweg, bis auf dem nächsten Hügel wieder ein Küstenpfad abzweigt, auf dem Sie in 30 Minuten Macinaggio erreichen.

Für Ambitionierte: Der Weg von Centuri nach Barcaggio

Etwas anstrengender, aber auch deutlich weniger begangen ist der westliche Abschnitt des Zöllnerwegs, der in vier Stunden auf einem Höhenweg an der bergigen Küste von Centuri nach Tol-

Auf der Tour rund um das Cap Corse kommen Wanderer an Steilküsten und Sandbuchten vorbei, ebenso wie am halb zerstörten Wachturm Rade de Santa Maria (▶ S. 128).

lare führt. Weitere 45 Minuten laufen Sie von dort nach Barcaggio, wo eine Einkehr zum Mittagessen möglich wäre, bevor Sie auf der beschriebenen Route nach Macinaggio zurückkehren. Einen Bootstransfer zwischen Macinaggio und Centuri gibt es nur im Juli und August, ansonsten müssen Sie den Transfer selbst organisieren. Der komplette Weg, auf dem Sie wenigstens acht Stunden unterwegs sind, erfordert eine solide Kondition und einen frühen Start. Unterwegs gibt es kaum Schatten – denken Sie an genügend Wasser!

Für Bequeme: Von Barcaggio zur Tour d'Agnello

Die Sandbucht von Barcaggio erreichen Sie auch mit dem Auto. Eine 6 km lange, schmale und schlecht asphaltierte Straße führt von Ersa hinunter. Vom Parkplatz am westlichen Ortsrand laufen Sie einige Minuten zum Strand mit wunderbarem, weil kristallklarem Wasser und sanft abfallendem Sandboden. An den Felsen schwimmen viele Fische, die Bucht ist daher auch schön zum Schnorcheln. Lohnenswert ist auch der Spaziergang bis zur Tour d'Agnello.

BERGAUSFLUG ZUM LAC DE NINO

CHARAKTERISTIK: Ein blauer See in einem stillen Bergkessel: Der Lac de Nino ist ein Idyll. Der Weg hinauf führt durch Wald und Felsen und erfordert sogar ein wenig einfache Kletterei. Auf dem Rückweg folgen Sie auf einem kurzen Abschnitt dem berühmten Weitwanderweg GR 20. **ANFAHRT:** Startpunkt am Forsthaus Poppaghia 5 km östlich des Col de Vergio an der D 84, ca. 40 km von Porto oder 55 km von Corte. **DAUER:** Aufstieg ca. 2,5 Std., direkter Abstieg 2 Std., Abstieg über GR 20 ca. 4 Std. **ANSPRUCH:** Sie erwartet eine mittelschwere Bergwanderung, bei der Sie rund 800 Höhenmeter überwinden. **EINKEHRTIPP:** Unterwegs keine Einkehrmöglichkeit. **AUSKUNFT:** www.office-tourisme-niolu.com
🔶 B/C 6

🕐 Der bis zu 11 m tiefe Lac de Nino ist fünf bis sechs Monate im Jahr zugefroren. Sicher schneefrei finden Sie das Hochtal ab Juni, und am schönsten ist es hier im Frühsommer, wenn das Gras grün ist.

Forsthaus Poppaghia ▶ Lac de Nino
Diese Wanderrunde mit alpinem Charakter beginnt beim Forsthaus Poppaghia (1076 m), wo Sie das Auto auf dem Parkplatz abstellen und den Rucksack schultern. Ab hier folgen Sie den gelben Markierungen auf dem leicht ansteigenden Weg, der steinig durch den Wald führt und sich bald zu einem schmalen Pfad wandelt. Vor einer Brücke überqueren Sie einen breiteren Forstweg, dann geht es weiter den Bergwald hinauf, wobei Sie gut auf die gelben Markierungen und Steinmännchen achten müssen, um den undeutlichen Pfad über Stock und Stein nicht zu verlieren.

Nach etwa einer halben Stunde führt der Weg links hinab über einen Bach namens Colga. Achtung, diese Stelle ist leicht zu übersehen! Wenn Sie einige Zeit später den Wald verlassen, überqueren Sie den Colga nochmals und erreichen die verlassene Bergerie de Colga, ein Steinhäuschen auf 1411 m Höhe. Ab hier wird der Aufstieg steiler, es geht über Geröll, bei einigen Felspassagen kommen auch die Hände zum Einsatz. Steinmännchen weisen deutlich den Weg, sodass Sie ohne weitere Orientierungsprobleme eine gute Stunde nach der Bergerie den Lac de Nino erreicht.

Lac de Nino ▶ Bocca di San Pietro
Der See liegt in einem grünen, von felsigen Gipfeln umgebenen Hochtal. Im Hintergrund sehen Sie die Granitspitze des 2625 m hohen Monte Rotondo. Im Sommer grasen rund um den Lac de Nino Schafe, Kühe, Pferde und Ponys. Letztere sind an Wanderer gewöhnt und kommen auch zutraulich näher. Nach einer verdienten Rast am Ufer laufen Sie rechts am See entlang, bis Sie auf die rot-weiße Markierung des GR 20 treffen.

In einer halben Stunde geht es mit schönen Blicken auf den See bis zur Bocca a Reta und dann weiter auf einem beinahe ebenen Gratweg mit Blick auf korsische Bergprominenz.

Der Weg wechselt die Kammseite und führt dann in vielen Kurven hinunter.

Bocca di San Pietro ▶ Forsthaus Poppaghia

Am Steinhäuschen mit Marienstatue auf dem Pass Bocca di San Pietro folgen Sie dem serpentinenreichen GR 20 noch etwa zehn Minuten bergab bis zu einer Wegkreuzung mit rot-weiß-roter Markierung an einer Buche. Der GR 20 biegt hier links ab. Geradeaus führt eine gelbe Markierung hinunter. Folgen Sie dem unmarkierten Pfad rechts, der Ronde de Valdu Niellu, die von hier 1,5 Stunden am Hang entlang führt.

Etwa nach der Hälfte der Strecke treffen Sie auf eine schmale Bachbrücke. Noch zwei tiefe Einschnitte weiter führt der Pfad ein langes Stück nach Süden weiter. Links unter sich können Sie jetzt Ihren Aufstiegsweg entdecken, den Sie kurz vor der Bergerie de Colga erreichen. Ab hier geht es in 45 Minuten bis zum Parkplatz hinunter.

Wollen Sie's wagen?

Wer das Wandern mit Esel ausprobieren möchte, leiht einen langohrigen Begleiter. Die Wanderung startet an der Fontaine Caroline wenige Kilometer weiter westlich, folgt erst einem Maultierpfad und dann der Trasse des GR 20. Der Aufstieg vom Forsthaus ist für Esel nicht passierbar! Der Stall von La Promenâne befindet sich östlich der Passhöhe.

La Promenâne | Albertacce | Tel. 06 15 29 45 64 | www.randonnee-ane-corse.com

Zeit für eine Atempause: Nach zweieinhalb Stunden Aufstieg ist der grüne Bergkessel erreicht, in dessen Zentrum der Lac de Nino liegt, gespeist von verschlungenen Wasserzuläufen.

MIT DEM AUTO IN DIE ALTA ROCCA 🛈

CHARAKTERISTIK: In vielen Kurven windet sich die Straße durch das Tal der Solenzara zu den roten Felsnadeln des Bavella-Massivs und den kleinen Dörfern aus grauem Granit in der Berglandschaft der Alta Rocca. Möglich sind hier eine kurze Wanderung zum Wasserfall, ein Abstecher zur uralten torreanischen Festung von Cucuruzzu oder ein Kaffee auf dem Dorfplatz von Zonza. **LÄNGE:** 80 km Bergstraßen (plus 40 km Rückweg auf der N 198) **DAUER:** Tagestour – kalkulieren Sie eine reine Fahrtzeit von gut 3 Std. **EINKEHRTIPPS:** Auberge du Col de Bavella, auf der Passhöhe des Col de Bavella, Tel. 04 95 72 09 87, www.auberge-bavella.com,

 €€ | Auberge du Sanglier, D268 Rue Principale, Zonza, Tel. 04 95 78 67 18, €€ **AUSKUNFT:** www.alta-rocca.com

 🛥 E 11–E 9

Sie können diesen Ausflug sowohl im Badeort Solenzara als auch in Porto-Vecchio beginnen. Auf der Strecke gibt es mehrfach die Möglichkeit für kurze Wanderungen und Besichtigungen. An einem Tag sind alle hier erwähnten Ziele jedoch nicht zu schaffen. Treffen Sie Ihre persönliche Auswahl oder planen Sie eine Übernachtung in den Bergen.

Porto-Vecchio ▸ Zonza
Am zweiten Kreisel der Umgehungsstraße von Porto-Vecchio wählen Sie den Abzweig nach Ospedale und zum Col de Bavella. Er führt in engen Kurven mit schönen Blicken auf das Meer hinauf zum Dörfchen Ospédale und weiter zum Stausee von Ospédale. Wer es luftig mag, wird hier in der Sommersaison einen Stopp einlegen und den Hochseilgarten von Xtrem Sud (www.xtremsud.com | Ticket 22 €) besuchen. Er bietet nicht nur Parcours aller Schwierigkeitsgrade zwischen den Bäumen, Sie können hier auch das Abenteuer Klettersteig testen. Die einfacheren Varianten sind bestens geeignet für Anfänger und

ermöglichen grandiose Blicke bis zur Küste. 5 km hinter dem Ospédale-See treffen Sie rechts der Straße auf einen großen Parkplatz. Hier lohnt sich die kurze Wanderung zum Wasserfall Piscia di Gallo. In der Nähe des Wasserrauschens gibt es schöne Plätze für ein Picknick – wenn Sie sich Ihren Hunger nicht bis Zonza aufsparen, wo Sie in der Auberge du Sanglier gut essen können. Alternativ gibt es im Ortszentrum von Zonza auch schöne Cafés.

Zonza ▸ Cucuruzzu ▸ Zonza
Sie interessieren sich für die Geschichte Korsikas? Dann sollten Sie unbedingt den Abstecher zur torreanischen Festung von Cucuruzzu einplanen. Auf dem Weg dorthin passieren Sie Levie, den Hauptort der Alta Rocca, mit seinem interessanten Museum für Frühgeschichte. Von Levie fahren Sie in Richtung Ste-Lucie de Tallano. Nach etwa 3 km zweigt die Zufahrt nach Cucuruzzu rechts ab. Für die Besichtigung der frühgeschichtlichen Fundstätte mit ihren Höhlen und Felsüberhängen sollten Sie zwei bis drei Stunden Zeit einplanen.

Ein Besuch der Fundstätten von Cucuruzzu (▶ S. 102) mit ihren Höhlen und Felsüberhängen gleicht einem Ausflug in die Frühgeschichte der Menschheit.

Zonza ▶ Solenzara

Von Zonza wählen Sie die D 268 zum Col de Bavella und nach Solenzara. Nach 9 km haben Sie auf der Passhöhe ein weiteres Mal die Möglichkeit zur Einkehr. An den Tischen der Auberge du Col de Bavella mischen sich im Sommer GR 20-Wanderer, die hier einen kurzen Stopp in der Zivilisation genießen, unter die mit dem Auto angereisten Touristen. Hier oben kreuzt nicht nur der GR 20, es sind auch kürzere Wanderwege markiert. Aber auch vom Pass ist der Blick auf die Felsnadeln beeindruckend. In vielen Kurven geht es dann wieder bergab. Fahren Sie vorsichtig: Man begegnet hier fast immer frei laufenden Schweinen, die am Straßenrand dösen oder auch mal auf der Fahrbahn spazieren gehen. Die Strecke zwischen dem Col de Bavella und der zweiten Passhöhe Bocca di Larone ist landschaftlich besonders schön. Kurz vor der Küste können Sie dann den Ausflug mit einem Bad in den schönen Bassins der Solenzara ausklingen lassen. Einen guten Zugang und Parkplätze finden Sie an der Flussbrücke vor den beiden Campingplätzen (ca. 8 km bis Solenzara).

TRAUMTAG AUF DEN ÎLES LAVEZZI 🏃‍♀️

CHARAKTERISTIK: Wandern, schnorcheln, baden: Die Îles Lavezzi sind in jeder Hinsicht ein Traumziel. Entdecker fahren mit dem Boot unter den Klippen von Bonifacio entlang und besuchen auf dem Rückweg auch die Drachenhöhle. **DAUER:** Tages- oder Halbtagestour. Der Weg rund um die Hauptinsel dauert 1 bis 2 Std. Die Fahrt mit dem Boot dauert einfach 30 Min., die Rückfahrt im Bogen über Île Cavallo und Drachenhöhle 1 Std. **ANFAHRT:** In der Saison stündlicher Bootstransfer. Erste Abfahrt 9.30, letzte Rückfahrt 18.30 Uhr (35 €, Kinder frei, www.spm-bonifacio.com). **EINKEHRTIPP:** Keine Einkehrmöglichkeit auf der Insel. **AUSKUNFT:** www.bonifacio.fr
⚓ SÜDL. E 12

Wie Steinhaufen mitten im Meer sehen die winzigen Inseln der Îles Lavezzi von fern aus. Granitblöcke türmen sich hier aufeinander, von Wind und Wetter rund geschliffen und glänzend poliert. Dieses so schöne und fremdartig wirkende Archipel gehört zu den Bouches de Bonifacio, der Meerenge, die Korsika von Sardinien trennt. Ein Teil der Inselgruppe gehört zu Italien, ein anderer zu Frankreich (Lavezzi und Cavallo). Neben versteckten Badebuchten und ausgedehnten Tauchrevieren gibt es aber auch Historisches zu entdecken.

So zerschellte im Februar 1855 das französische Kriegsschiff Semillante auf der Fahrt von Toulon nach Konstantinopel in einem Unwetter an den Felsen der Îles Lavezzi. Keiner der über 700 Soldaten überlebte das Unglück. Seitdem gibt es auf der Hauptinsel einen Matrosenfriedhof, ein Denkmal in Form einer weißen Pyramide und einen Leuchtturm. Der meist besuchte Platz der Lavezzi-Insel sind jedoch die beiden langen Sandbuchten auf der Westseite. Die größere von beiden, die

Plage de l'Achiarina, liegt weiter nördlich. Kleinere Sandflecken mit einer sehr schönen Bucht zum Schnorcheln entdecken Sie an der Cala della Chiesa an der Nordspitze. Winzige Sandbuchten, an denen man aber nur schwer ins Wasser kommt, verbergen sich in der Cala di Greco oder gegenüber und südlich vom Bootsanleger. Wegweiser helfen bei der Orientierung.

Da Sie sich im Naturschutzgebiet befinden, dürfen Sie die Wege nicht verlassen. Die Insel bietet keinerlei Infrastruktur und wenig Sonnenschutz. Denken Sie unbedingt an ausreichend Wasser und nehmen Sie auch einen kleinen Müllbeutel für Abfälle mit.

An der Plage l'Achiarina beginnt eine Schnorchelrunde (45 Min.) auf dem Sentier Sous-Marin, die von Rangern des Nationalparks begleitet wird. Zwischen den Felsen treffen Sie auf eine ungewöhnlich bunte Unterwasserwelt (Anmeldung unter Tel. 06 25 25 03 74). Auch an vielen anderen Stellen lohnt sich das Schnorcheln, sodass Sie auch jederzeit auf eigene Faust losziehen können.

REISE ZU DEN AROMEN KORSIKAS AUF DER »ROUTE DES SENS AUTHENTIQUES«

CHARAKTERISTIK: Die kurze Rundfahrt lohnt allein zum Besuch der Kirche San Michele de Murato. Betriebe der »Route des Sens Authentique« am Wegrand machen sie außerdem zum kulinarischen Erlebnis. **DAUER:** Halbtagestour mit Motorroller oder Auto (47 km ab St-Florent). Alternativ ab Oletta als Tagestour mit dem Fahrrad. Für die gut 30 km auf schmalen Straßen mit deutlichen Höhenunterschieden (ca. 200 m) braucht es allerdings solide Kondition. **EINKEHRTIPP:**

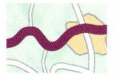 Auberge A Magina, Oletta, Tel. 04 95 39 01 01, €€ | Le Montana, Oletta, Tel. 04 95 37 14 85, €€ **AUSKUNFT:** www.corsica-saintflorent.com
D 3–E 3

Schmecken Sie die Macchia in den auf traditionelle Weise hergestellten Produkten der Region. Wein, Honig und Olivenöl werden in kleinen Betrieben im Nebbio produziert. Die Schilder der »Route des Sens Authentiques« helfen bei der Suche nach den richtigen Adressen. Wer sich gerne den Wind um die Nase wehen lässt, fährt die Runde auf kleinen Sträßchen mit einem Motorroller, den man in St-Florent bei Corse Horizon am Hafen für 50 € am Tag leihen kann.

St-Florent ▶ Santo-Pietro-di- Tenda

Unsere Route führt auf der D 82 von St-Florent nach Oletta. Links der Straße treffen Sie nach wenigen Kilometern auf die Poterie du Nebbio, die den ersten Stopp lohnt. Von Oletta geht es zur eleganten Kirche **San Michele de Murato** ⭐. Der schattige Parkplatz an der Kirche eignet sich gut für eine Pause – es gibt sogar frisches Quellwasser.

Weiter geht es über Pieve nach Santo-Pietro-di-Tenda. Obwohl im fortgeschrittenen Zustand des Verfalles, erstaunt die Kirche in Santo-Pietro-di-Tenda den Betrachter: Sie ist riesig und der Ort ist klein. Das Dorf hat noch mehr zu bieten. Unbedingt lohnend ist der Weg hinab zur Miellerie und zur Ölmühle von Olivier Murati. Hier können Sie den Unterschied zwischen verschiedenen Sorten von Macchiahonig und frisch gepresstem Olivenöl kosten, bevor Sie Ihre persönliche Wahl treffen. Der Miel d'Arbousier ist besonders ungewöhnlich. Gesammelt in den Blüten des Erdbeerbaumes, hat er einen herben, fast bitteren Nachgeschmack.

Santo-Pietro-di-Tenda ▶ Oletta

Von Santo-Pietro-di-Tenda fahren Sie durch sanfte Hügel zum Stausee von Padule, wo die Domaine Santamaria Gäste erwartet. Später in Poggio di Oletta laden zwei weitere Weingüter zur Degustation: Die Geschwister Annette und Yves Leccia gehören zu den passioniertesten Winzern der Region Patrimonio. Zurück in Oletta, haben Sie zum würdigen Abschluss des Ausfluges mehrere Restaurants zur Wahl. Sehr empfehlenswert ist die Auberge A Magina mit hinreißendem Blick auf den Sonnenuntergang oder die ausgezeichnete Küche des Le Montana.

KORSIKA
ERFASSEN

Auf Fahrt durchs korsische Hinterland
mit dem Zug U Trinighellu (▶ S.120).

AUF EINEN BLICK

Hier erfahren Sie alles, was Sie über die Mittelmeerinsel Korsika wissen müssen – kompakte Informationen über Land und Leute, von Bevölkerung und Geografie über Politik und Religion bis Sprache und Wirtschaft.

BEVÖLKERUNG

Heute leben die meisten jungen Inselbewohner an der Küste. Fast ein Drittel der Bevölkerung konzentriert sich auf die Ballungsräume um Ajaccio und Bastia. Die Bevölkerung der Bergdörfer ist tendenziell überaltert.

LAGE UND GEOGRAFIE

Korsika liegt nördlich von Sardinien und damit vor der italienischen Küste. Die Insel gehört jedoch bereits seit 1769 zu Frankreich. 183 km sind es vom Cap Corse im Norden zum Capu Pertusato im Süden der Insel. Nur 83 km misst Korsika an seiner breitesten Stelle von Osten nach Westen. Doch ist dieser Weg weit: Ein Gebirge trennt die Ost- von der Westküste. Der höchste Gipfel, der Monte Cinto, misst 2706 m. 70 weitere Berge sind über 2000 m hoch. Während im Westen das Gebirge bis ans Meer reicht, erstreckt sich im Osten vor dem Meer eine breite Ebene.

POLITIK UND VERWALTUNG

Korsika gehört zu Frankreich, hat aber seit 1982 einen politischen Sonder-

◄ Im Landesinneren Korsikas ist die
Bevölkerung eher überaltert.

status. Als erste französische Region wählte die Insel ein Regionalparlament, das in den Bereichen Tourismus, Landwirtschaft und Bewässerung entscheiden kann. 1992 kamen Kompetenzen in den Bereichen Verkehrsplanung, Bildungspolitik und Wohnungsbau hinzu. Das Regionalparlament wurde lange von einem konservativen Parteienbündnis dominiert. Eine neue Entwicklung begann mit den Europawahlen und den Regionalwahlen 2010: Erstmals gab es auf Korsika eine Mehrheit für ein links-ökologisches Parteienbündnis.

RELIGION

Die weite Verbreitung des römisch-katholischen Glaubens auf der Insel ist ein Erbe der langen Regierungszeit Genuas. Wie auch in anderen Lebensbereichen haben sich an religiösen Festen einige sehr alte Bräuche erhalten. Besonders intensiv wird in korsischen Dörfern die Osterwoche gefeiert. Die Büßerprozessionen und der Granitula am Karfreitag sind auch im Mittelmeerraum einzigartig.

SPRACHE

Die Amtssprache und offizielle Landessprache Korsikas ist Französisch. Im Bergland der Insel sind jedoch alle Straßenschilder zweisprachig: Unter dem französischen Ortsnamen steht immer auch ein korsischer. Korsisch ist kein Dialekt, sondern eine eigenständige romanische Sprache. Nach einer langen Phase der Ächtung durch das französische Mutterland ist sie seit 1974

in Frankreich als Regionalsprache anerkannt. Basis des Korsischen ist das mittelalterliche Toskanisch. Die korsische Sprache ist auf der Insel ein wichtiges Symbol der Eigenständigkeit. So werden in Regionen mit starker Unabhängigkeitsbewegung gerne die französischen Ortsbezeichnungen auf den Straßenschildern übermalt.

WIRTSCHAFT

Korsika ist auch heute noch ein Agrarland. Nennenswerte Ansiedelung von Industrieunternehmen gibt es nicht. Kleinere Gewerbegebiete existieren fast ausschließlich südlich von Bastia und im Außenbereich von Ajaccio. Die Lebensgrundlage von 70 Prozent der Bevölkerung ist der Dienstleistungssektor, und da hängen viele Stellen direkt oder indirekt am Tourismus. Zwischen 1,5 und 2 Mio. Touristen reisen jedes Jahr nach Korsika. 70 Prozent der Gäste kommen aus Frankreich, gefolgt von Italienern und Deutschen. In den letzten Jahren ist Korsika auch von Schweizern als Reiseziel entdeckt worden. Innerhalb des französischen Staates wird Korsika bezuschusst und hat im französischen Vergleich die höchsten Lebenshaltungskosten und die niedrigsten Gehälter.

AMTSSPRACHE: Französisch
EINWOHNER: 310 000
FLÄCHE: 8680 qkm
GRÖSSTE STADT: Ajaccio, 65 000 Einwohner
HÖCHSTER BERG: Monte Cinto, 2706 m
RELIGION: 90 % römisch-katholisch
INTERNET: www.corse.fr
VERWALTUNG: 2 Départements
WÄHRUNG: Euro

GESCHICHTE

»Insel der Schönheit« tauften sie die alten Griechen. Ihnen folgten noch viele Völker. Die wechselhafte und turbulente Geschichte Korsikas ist von verschiedensten Zivilisationen geprägt. Dennoch konnten die Korsen ihre eigene Mentalität und Kultur bewahren.

3500 v. Chr. Megalithkultur

Mehrere Steinreihen und Dolmen zeugen im Süden Korsikas von der Besiedelung in der ausgehenden Steinzeit. Die korsischen Monumente sind nicht so mächtig wie Stonehenge oder so bedeutend wie die berühmten Alignements in der Bretagne. Einzigartig ist jedoch die Bearbeitung der Menhirsteine zu Figuren mit menschlichem Antlitz. Die wichtigste Ausgrabungsstätte aus der Zeit der großen Steine (mega = groß und lithos = Stein) ist Filitosa in der Nähe von Propriano. Sie ist eine der meistbesuchten Sehenswürdigkeiten Korsikas. Ebenfalls sehr sehenswert sind die Alignements und der Dolmen von Cauria.

1500 v. Chr. Torreanische Kultur

Mit der beginnenden Bronzezeit landet ein mit Schwertern aus Metall gut bewaffnetes Seevolk an der Küste Korsikas. Ihre ersten Siedlungen befanden sich vermutlich in der Region um Porto-Vecchio. Dieses Seevolk der Torreaner besetzte zunächst Südkorsika. Mit der Zeit drangen die Eroberer auch ins Innere der Insel vor und vertrieben das megalithische Hirten- und Bauernvolk, das ihnen technisch unterlegen war.

Nach ihren turmförmigen Rundbauten werden die Eroberer als Torreaner bezeichnet. Ihre Herkunft ist nicht eindeutig geklärt. Bekannte torreanische Bauten sind das Castello d'Arragiu bei

3500 v. Chr.

1500 v. Chr.

565 v. Chr. Phokäer aus Griechenland gründen Alalia (heute Aléria), das eine wichtige Handelsniederlassung im Mittelmeerraum wird.

Korsika wird römische Provinz.

Megalithkultur. Heute noch zeugen Menhire und Dolmen von ihr.

Torreanische Kultur. Gut bewaffnete Eroberer vertreiben das megalithische Hirtenvolk.

200 v. Chr.

Porto-Vecchio und die Festung von Cucuruzzu in der Alta Rocca. In Filitosa sieht man besonders gut, wie eine megalithische Siedlung von den überlegenen Torreanern überbaut wurde.

238 v. Chr.–500 n. Chr.
Korsika als römische Provinz

Im Rahmen der punischen Kriege zerstören die Römer Alalia und erobern von dort aus Korsikas Ostküste. Die von den römischen Eroberern auf der Insel installierte Regierung scheint sich jedoch auf die Erhebung von Steuern und sporadische Übergriffe auf Dörfer in den Bergen beschränkt zu haben. Die Korsen wehren sich erbittert, und erst 100 v. Chr. gründet Marius nördlich von Alalia die Provinz Mariana. 81 v. Chr. baut dann Sulla die Stadt Aléria wieder auf. Sie wird römische Hauptstadt und hat in ihrer Blütezeit 20 000 bis 30 000 Einwohner. Der römische Einfluss trägt ab dem 3. Jh. auch das Christentum auf die Insel.

Als das Römische Reich auseinanderfällt, erobern Vandalen und Ostgoten Korsika. Danach gehört die Insel 220 Jahre lang zum Byzantinischen Reich. Die Grundmauern des römischen Aléria mit Forum, Tempel und Thermen hat man ausgegraben. Die dabei entdeckte Keramik können Sie im Museum in Aléria besichtigen, auch die Ausgrabungsstätte ist für Besucher zugänglich.

8.–11. Jh. Sarazenische Schreckensherrschaft

Das Mittelmeer wird von nordafrikanischen Piraten (Sarazenen) unsicher gemacht. Sie gründen Stützpunkte auf Korsika, plündern die küstennahen Dörfer und verschleppten die Einwohner als Sklaven. Die Korsen ziehen sich in die Berge zurück, mehr als zwei Jahrhunderte leidet die Bevölkerung unter der Schreckensherrschaft der Invasoren. Das Motiv des schwarzen Gesichts auf weißem Grund, Basis der heutigen korsischen Flagge, soll im 11. Jh. als Symbol der Vertreibung der Sarazenen entstanden sein und wurde später von Widerstandskämpfer Pascal Paoli in veränderter Form als Nationalflagge verwendet.

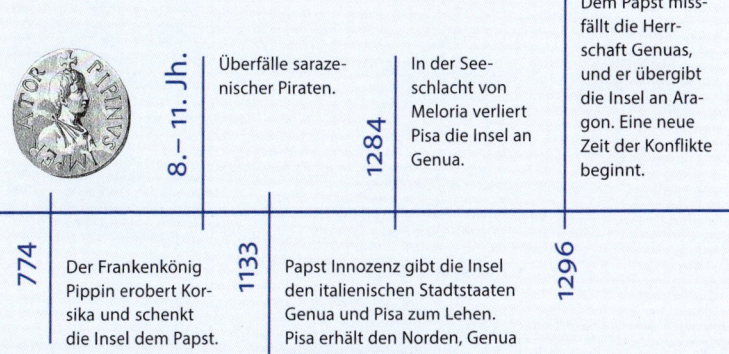

8.–11. Jh. Überfälle sarazenischer Piraten.

1284 In der Seeschlacht von Meloria verliert Pisa die Insel an Genua.

Dem Papst missfällt die Herrschaft Genuas, und er übergibt die Insel an Aragon. Eine neue Zeit der Konflikte beginnt.

774 Der Frankenkönig Pippin erobert Korsika und schenkt die Insel dem Papst.

1133 Papst Innozenz gibt die Insel den italienischen Stadtstaaten Genua und Pisa zum Lehen. Pisa erhält den Norden, Genua den Süden Korsikas.

1296

1133 Korsika zwischen Pisa und Genua

Um die chaotischen Zustände auf Korsika zu ordnen, überträgt der Papst der Stadtrepublik Pisa die Verwaltung der Insel. Die Vielzahl an Kirchenbauten aus dieser Zeit lässt auf einen gewissen Wohlstand der Inselbewohner schließen. Auch die berühmten Kathedralen La Cannonica und Santa Maria Assunta in St-Florent sowie die kleine Kirche St-Michele de Murato wurden unter pisanischem Einfluss errichtet.

Anfang des 12. Jh. erhebt der aufstrebende Stadtstaat Genua Ansprüche. Um den Streit zu schlichten, teilt der Papst die Insel. Pisa erhält den Norden, Genua den Süden Korsikas. Die salomonische Lösung funktioniert jedoch nur kurzzeitig, und Korsika wird zum Spielball des Kampfes um die Vorherrschaft im Mittelmeerraum, der im Jahr 1284 in der Seeschlacht von Meloria mit einer vernichtenden Niederlage Pisas endet. An dieser größten Seeschlacht des Mittelalters sind 220 Schiffe auf beiden Seiten beteiligt.

5000 Pisaner sterben, mehr als 10 000 werden zu Kriegsgefangenen.

1453 Die Bank des heiligen Georg

Das hoch verschuldete Genua übergibt Korsika an die Bank des Hl. Georg, ein damals mächtiges Finanzinstitut, an dessen Gründung auch das Haus Grimaldi beteiligt war. Für die Insel beginnt eine lange Phase des Friedens. Aus dieser Zeit stammen die Wachtürme und die mächtigen Zitadellen in den Küstenstädten. Eine erneute Welle von Überfällen durch Piraten aus dem nahen Nordafrika erforderte diese Schutzmaßnahmen für die Bevölkerung. Im zu dieser Zeit üblichen Feudalsystem hatte jedoch die Mehrheit der Bevölkerung keinerlei Rechte.

1729–1760 Korsischer Unabhängigkeitskrieg

Der »Vierzigjährige Krieg«, auch »Korsische Revolution« genannt, geht aus einem Volksaufstand hervor, der sich, nach einer Hungersnot auf der Insel, ursprünglich gegen die hohen Steuern richtete.

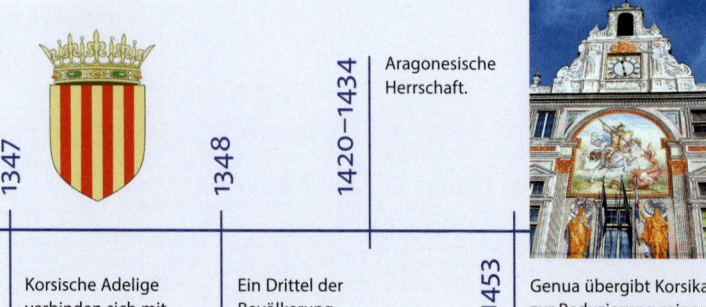

1347 Korsische Adelige verbinden sich mit Genua gegen Aragon.

1348 Ein Drittel der Bevölkerung stirbt an der Pest.

1420–1434 Aragonesische Herrschaft.

1453 Genua übergibt Korsika zur Reduzierung seiner Schulden an die Bank des heiligen Georg.

Unter den drei Anführern Ceccaldi, Gaffori und Paoli (Hyacinthe, der Vater Pascal Paolis) gelang es, die Genuesen in die Küstenorte zurückzutreiben. Zu einem echten Sieg fehlt es den Korsen an Ausrüstung.

So kommt es 1736 zu einem korsischen Kuriosum: Der westfälische Baron Theodor von Neuhoff unterstützt die Rebellen mit Material und wird dafür zum König von Korsika erklärt. Nachdem aber der Nachschub an Waffen schnell ausbleibt, muss der neue König Korsika bereits nach sieben Monaten wieder verlassen. Die Unruhen bleiben, und als Clement Paoli 1755 seinen Bruder Pascal in die Heimat zurückruft, ist das Inselinnere bereits in korsischer Hand. Pascal Paoli übernimmt die Führung der Rebellen und verhilft Korsika zu einer 14 Jahre andauernden Phase der Unabhängigkeit und der ersten demokratischen Verfassung Europas.

1769 Korsika als Teil Frankreichs

Der Korse Napoleon Bonaparte steigt während der Französischen Revolution in der Armee auf, gewinnt an Macht und bindet seine Heimatinsel fest an Frankreich. Nachdem das napoleonische Imperium im Jahr 1815 in der Schlacht bei Waterloo sein Ende findet, bleibt Korsika an die Geschicke Frankreichs gebunden und begleitet dieses im Wechsel zwischen Monarchie und Republik. In der Dritten Republik, die 1871 der Zeit von Kaisern und Königen in Frankreich ein Ende setzt, wird Frankreich zentralistisch von Paris regiert. Für korsische Sprache, Kultur und Eigenständigkeit ist wenig Raum.

1839 Beginn archäologischen Interesses

Der Schriftsteller Prosper Mérimée bereist Korsika im Auftrag der französischen Regierung. Im Nachklang dieser Reise erscheint im Magazin »Revue des Deux Mondes« die Novelle »Colomba«, die schon bei ihrem Erscheinen in Frankreich viel Beachtung findet, ein Jahr später auch in Buchform herausgegeben und auch heute noch gedruckt und gelesen wird.

Der Freiheitskämpfer Sampiero Corso erhebt sich gegen Genua und erobert mit seinen Anhängern große Teile der Insel, wird aber von Gefährten ermordet.

1555–1769
Pascal Paoli herrscht über die Insel und gibt ihr eine moderne Verfassung.

1839
Prosper Mérimée bereist Korsika im Auftrag der französischen Regierung als Inspektor historischer Denkmäler.

1564–1567

1729–1760
Korsischer Unabhängigkeitskrieg.

1769
Genua tritt Korsika im Vertrag von Versailles an Frankreich ab.

1953 Ausgrabungen in Filitosa

Unter der Leitung des französischen Archäologen und Chefs des Centre Préhistorique Corse beginnt man mit der Ausgrabung der megalithischen Fundstätte von Filitosa. Roger Grosjean setzt sich als erster Archäologe intensiv mit der Vor- und Frühgeschichte Korsikas auseinander.

1962 Neue Siedler an der Ostküste

Nach dem Algerienkrieg werden 16 000 Algerienfranzosen an der Ostküste angesiedelt. Sie erhalten mit dem Hilfsprogramm SOMIVAC (Sociéte pour la Mise en Valeur Agricole de la Corse) der Gelder der französischen Regierung und bauen in der Ebene im Hinterland der Ostküste im großen Stil Obst und Wein an. Die korsischen Bauern, die trotz der Armut Korsikas nie in den Genuss von dergleichen Subventionen kamen, fühlen sich von Paris hintergangen und ungerecht behandelt.

1967 Kampf um Unabhängigkeit

Mit der ARC und der FRC werden die ersten Parteien gegründet, die sich für mehr Unabhängigkeit von Korsika einsetzen. Als 1975 einer der Pieds-noir genannten Neusiedler mit gepantschtem Wein und Finanzmanipulationen einen Skandal verursacht, der dem guten Ruf des korsischen Weines zu schaden droht, besetzen junge Korsen der ARC seinen Weinkeller. Die Situation eskaliert, zwei Polizisten sterben. Die ARC wird verboten.

In der Folge gründen sich die UPC (Unione di u Populu Corsu), eine legale Partei, die auch heute noch an der Regierung beteiligt ist, und die FLNC (Front de Libération Nationale de la Corse – Nationale Befreiungsfront Korsikas), die in den folgenden Jahren mit Sprengstoffanschlägen auf SOMIVAC-Projekte und Hotelbauten von Großinvestoren vom Festland für Schlagzeilen sorgte.

Seit dem Verbot 1982 arbeitet die FLNC im Untergrund.

1982 Mehr politische Freiheit

Paris gewährt Korsika einen politischen Sonderstatus. Ein korsisches Regionalparlament entscheidet über die

1914–1918

1942

1976–1982

Die FLNC, die korsische Befreiungsfront, bekennt sich zu 298 Anschlägen auf der Insel und wird 1982 verboten.

Mehr als 30 000 Korsen fallen im Ersten Weltkrieg.

Im Zweiten Weltkrieg besetzen die Italiener, später auch die Deutschen die Insel.

Belange der Insel in der Tourismus-
politik und der Landwirtschaft.

1990 Korsisch an den Schulen

Die Existenz eines korsischen Volkes
wird von der französischen Regierung
formal anerkannt. Das korsische Regionalparlament erhält neue Kompetenzen, unter anderem in den Bereichen
Verkehrsplanung, Bildungspolitik und
Wohnungsbau. Die korsische Sprache
darf an den Schulen wieder unterrich-
tet werden.

1998 Mord am Präfekten

Am 6. Februar wird der französische
Präfekt Claude Eyrinac in Ajaccio auf
der Straße erschossen. Es kommt zu
heftigen Protesten der korsischen Bevölkerung gegen die Nationalisten. Bei
den folgenden Regionalwahlen verliert
die im Parlament vertretene UPC die
Hälfte ihrer Stimmen.

Bei einer Umfrage der Zeitung »Libération« 2001 lehnten fast 90 Prozent
der Einwohner die Unabhängigkeit
Korsikas von Frankreich ab. Ge-
wünscht wird mehr Selbstständigkeit
und Akzeptanz der korsischen Kultur,
aber keine Trennung von Frankreich.

2012 Nationalistische Gewalt

Korsika gerät erneut wegen Gewalttaten in die Schlagzeilen. Über 20 Morde unter nationalistischen Gruppen
bestürzen die Öffentlichkeit. Das wirtschaftliche Elend der Insel gilt als Nähr-
boden der Gewalttaten. Denn eine flo-
rierende Industrie gibt es nicht auf der
Insel, das meiste Geld wird mit Touristen verdient. Diesen wiederum wird die
Gewalt kaum auffallen, denn sie findet
meist in der Nebensaison statt.

2013 Tour de France

Das größte Sportereignis Frankreichs
startet erstmalig auf Korsika. Die ersten drei Etappen der Tour überqueren
die Insel in S-Form: Die Strecke führt
von Porto-Vecchio an der Ostküste entlang nach Bastia, dann über Corte nach
Ajaccio und entlang der Westküste
nach Calvi. Nach den drei korsischen
Etappen startet der Belgier Jan Bake-
lants die vierte Etappe in Nizza im gelben Trikot.

Paris gewährt
Korsika einen
politischen
Sonderstatus.

Morde unter rivalisie-
renden nationalisti-
schen Gruppen sor-
gen für Schlagzeilen.

2012

1982

1998

Mord am franzö-
sischen Präfekten
Claude Eyrinac
in Ajaccio.

2013

Die Tour de France
startet erstmalig auf
Korsika. Die ersten drei
Etappen werden auf
der Insel gefahren.

KULINARISCHES LEXIKON

A

agneau – Lamm
ail – Knoblauch
aloyau – Lendenstück
anchois – Sardellen
anisette – Anislikör
arigosta – Languste
aziminu – korsische Bouillabaisse

B

baccalà frittu – frittierter Stockfisch
barbue – Meerbutt
bien cuit – durchgebraten
blanquette – Ragout
bœuf – Rind
brebis – Schaf
brilluli – Kastanienmehlbrei mit Milch
brocciu – korsischer Käse
brochette – kleiner Bratspieß

C

cabri – Zicklein
calmar – Tintenfisch
canard – Ente
carré – Rippenstück
casgiu – Käse
cèpes – Steinpilze
cerises – Kirschen
chanterelles – Pfifferlinge
charcuterie – Wurstaufschnitt
chausson – Blätterteigtasche
chèvre – Ziege
chou – Kohl
choucroute – Sauerkraut
colin – Seehecht
consommé – Suppe
coq – Hahn
coquillages – Muscheln
côte – Rippenstück

courgette – Zucchini
crevettes – Garnelen
croûtons – geröstete Brotwürfel
crudités – Rohkostsalate

D

daube – Schmortopf
daurade – Goldbrasse
digestif – Verdauungsschnaps
dinde – Pute

E

épaule – Schulterstück
épinards – Spinat
escalope – Schnitzel

F

faisan – Fasan
fasgioli – heiße Kastanien
fèves – dicke Bohnen
fiadone – Brocciu-Kuchen
figatellu – Fleisch-Leberwurst
figues – Feigen
flan – Pudding
framboises – Himbeeren
friture du golfe – in Omeletteteig
    gebackene Sardinen
fromage – Käse
fromage blanc – Quark
fugazzi – süße Kuchen (werden
    am Karfreitag gegessen)

G

gâteau – Kuchen
gibier – Wild
girolles – Pfifferlinge

H

herbes – Kräuter

homard – Hummer
huile – Öl
huîtres – Austern

J

jambon – Schinken

L

laitue – Kopfsalat
langouste – Languste
lapin de garenne – Wildkaninchen
lard – Speck
légumes – Gemüse
lentilles – Linsen
lièvre – Hase
liqueur de myrtes – Myrtenlikör
lonzu – in Pfeffer gerolltes Schweine-
  filet
lotte – Seeteufel
loup de mer – Seewolf

M

maquereau – Makrele
marmite de pêcheur – Fischeintopf
merle a l'usu corse – Amsel auf
  korsische Art
miel – Honig
migliacci – Brocciu-Kuchen auf
  Kastanienblättern
minestra – Gemüsesuppe
– di putine – Suppe mit kleinen
  gekochten Fischen
moutarde – Senf (Mostrich)

N

navarin – Hammelragout mit Rüben
noix – Walnuss
nouilles – Nudeln

O

œufs sur le plat – Spiegeleier
omelette au brocciu – korsisches
  Käseomelette

oursin – Seeigel

P

pâté – Pastete
pâtes – Teigwaren
pêches – Pfirsiche
pintade – Perlhuhn
poires – Birnen
poisson – Fisch
pommes de terre – Kartoffeln
porc – Schweinefleisch
pot au feu – gekochtes Rindfleisch
  in Gemüsebrühe
potage – Suppe
poulet – Huhn
poulpe – Tintenfisch
pulenta – dickes Kastanienpüree

R

rappu – süßer Wein
rouget – Rotbarbe

S

salade – Salat
sandre – Zander
sanglier – Wildschwein
sangui – Blutwurst
seiche – Tintenfisch
sel – Salz
sole – Seezunge
stufatu – Ragout aus Fleisch
suppa paesana – korsische
  Gemüsesuppe

T

tarte – Torte
thon – Thunfisch
tianu – Tongefäß, Schmorgericht
truite – Forelle

V

vache – Kuh
veau – Kalb

SERVICE

Anreise

Die Fortbewegung mit öffentlichen Verkehrsmitteln ist auf Korsika mühsam. Es ist also durchaus sinnvoll, das eigene Auto mit auf die Insel zu nehmen. Die Anfahrt zu den Fährhäfen an der norditalienischen Küste ist für Süddeutsche, Schweizer und Österreicher mit einer knappen Tagesfahrt erledigt. Wer das Flugzeug wählt und trotzdem etwas von der Insel sehen möchte, wird ohne Leihwagen kaum zurechtkommen.

MIT AUTO UND FÄHRE

Drei Hauptrouten führen von Norden zu den Fährhäfen an der norditalienischen Küste: Auf der Gotthard- und der Bernadinoroute durchqueren Sie die Schweiz und brauchen eine Jahresvignette für die Schweizer Autobahn. Die dritte Strecke führt über den Brennerpass und durch Österreich nach Italien. Zusätzlich zur Vignette für Österreich zahlen Sie' auf der Brennerautobahn Maut.

Auch Italiens Autobahnen sind mautpflichtig. Die Höhe der Maut ist von den gefahrenen Kilometern abhängig und wird an der Autobahnausfahrt kassiert. Hinsichtlich der Mautkosten unterscheiden sich die Routen kaum. Am besten Sie wählen einfach die kürzeste Verbindung zwischen Ihrem Heimatort und dem nächsten Fährhafen.

Beachten Sie in der Schweiz unbedingt penibel die Höchstgeschwindigkeit, die Strafen für Verkehrssünder sind drastisch! In Italien ist das Mitführen einer orangenen Sicherheitsweste pro Fahrzeuginsasse Pflicht.

Drei Fährgesellschaften teilen sich den größten Teil der Überfahrten nach Korsika. Am meisten Auswahl haben Sie bei Corsica Ferries, deren Fähren sowohl vor der italienischen als auch an der französischen Mittelmeerküste liegen. Am besten frequentiert ist die mit vier Stunden kürzeste Überfahrt von Livorno nach Bastia. Von Toulon, Nizza und Savona werden auch Calvi, Île Rousse oder Ajaccio angefahren. Die italienische Moby Lines steuert Bastia von Genua und Livorno an. In einer etwas höheren Preisklasse rangieren die komfortablen Fähren der französischen SNCM, die aus den französischen Häfen Marseille, Nizza und Toulon die Städte Bastia, Île Rousse, Ajaccio und Porto-Vecchio auf Korsika anlaufen.

Eines ist bei allen drei Gesellschaften gleich: Die ersten Plätze sind stets deutlich billiger als die letzten. Im gängigen Rabattsystem steigen die Preise mit der Belegung einer Fähre. Früh buchen lohnt also! Auch wenn Sie in der Hauptsaison fahren wollen, sollten Sie unbedingt frühzeitig reservieren. Die Fähren sind im Sommer regelmäßig ausgebucht.

Eine schöne Sache ist die Anreise mit einer Nachtfähre: Buchen Sie zusätzlich eine Kabine für bis zu vier Personen und beginnen den ersten Urlaubstag am frühen Morgen mit der Einfahrt in den Hafen.

Corsica Ferries

Tel. 01 80 50 00 04 83 | www.corsica-ferries.de

Moby Lines Europe

Tel. 0 61 11 40 20 | www.mobylines.de

SNCM Germany

Tel. 0 61 96 77 30 60 | www.sncm.fr

MIT DEM FLUGZEUG

Die wichtigsten Flughäfen auf Korsika sind Bastia, Calvi und Figari. Direktflüge von Frankfurt nach Bastia bietet die Deutsche Lufthansa. Preisgünstiger sind die Angebote von Germanwings von Abflughäfen wie Köln, Stuttgart, Berlin, München, Dresden, Leipzig und Hannover. Der Zielflughafen ist Bastia.

Nach Calvi kommen Sie mit Air Berlin von Hamburg oder Köln oder von Zürich mit der Helvetic Airways. Flüge der Air France unterbrechen den Flug meist in Paris, wo Sie dann den Flughafen wechseln müssen, bevor die Reise weitergeht. Auch die korsische CCM Airlines startet nur in Frankreich und Italien.

Wer sich die Organisation von Flugtickets und Autotransfer sparen möchte, bucht Flug und Leihwagen bei entsprechenden Anbietern. Renommierte Korsikaspezialisten mit entsprechenden Angeboten sind Rhomberg Reisen (www.rhomberg-reisen.com) oder MMV Reisen (www.ferien-in-korsika.com).

Auf www.atmosfair.de und www.myclimate.org kann jeder Reisende durch eine Spende für Klimaschutzprojekte für die CO_2-Emission seines Fluges aufkommen.

Auskunft

IN DEUTSCHLAND, ÖSTERREICH UND DER SCHWEIZ
Atout France

– Postfach 100128 | 60001 Frankfurt/Main | Tel. 0 69 74 55 56
– Lugeck 1–2 (Stg. 1/Top 7) | 1010 Wien | Tel. 01 53 02 89 2
– Postfach 3376 | Rennweg 42 | 8021 Zürich | Tel. 04 42 17 46 00
www.rendezvousenfrance.com

AUF KORSIKA
Agence du Tourisme de la Corse

▶ Klappe hinten, e 4

17 Boulevard du Roi-Jérome | BP 19-20181 Ajaccio | Tel. 04 95 51 00 00 | www.visit-corsica.com

Buchtipps

Jérome Ferrari: Die Predigt auf den Untergang Roms (Secession Verlag für Literatur, 1. Auflage März 2013) Eine korsische Dorfkneipe wird zur Bühne des menschlichen Dramas. Zwei junge Männer beenden vorzeitig ihr Philosophiestudium auf dem Festland, um in ihrem Dorf auf Korsika die »beste aller möglichen Welten« zu errichten. Der Autor, geboren in Paris, ist Philosophielehrer an einer französischen Schule in Abu Dhabi. Er gewann mit diesem Titel 2012 den renommierten französischen Literaturpreis Prix Goncourt.

Prosper Mérimée: Colomba (Reclam, 1988) Erstaunlich modern in Sprache und Stil ist der bereits 1840 veröffentlichte Roman auch heute lesenswert. Die Novelle um den

korsischen Oberst Orzo della Rebbia, der bei seiner Rückkehr in die
Heimat im Spannungsfeld zwischen
korsischer Identität und militärischer Erziehung handelt, spiegelt
das Korsika des 18. Jh. Rache, Familienehre und Gastfreundschaft,
ehrenwerte Banditen, die korsische
Blutrache und eine zarte Liebes-
geschichte mischen sich zu einer
leicht und flüssig erzählten Geschichte.

**René Goscinny und Albert Uder-
zo: Asterix auf Korsika** (Egmont,
1986) Wildschweine und Hinkel-
steine hat Korsika genug: genau
das richtige Ziel für die gallischen
Helden Asterix und Obelix mit
Hund Idefix. Das Buch ist amüsant
und doch nicht ohne Wahrheitsgehalt. Eben ein typischer Asterix.

**Stefanie Holtkamp: Korsika mit
Kindern – Wander- und Ent-
deckertouren für Familien** (Natur-
zeit Reiseverlag, 2014) Familienpro-
gramm leicht gemacht: Die Autorin
dieses Reiseführers hat in diesem
Buch spannende, aber nicht zu lange Wanderungen an der Küste und
in den Bergen zusammengetragen.
Badebecken und einsame Buchten,
eine Flusswanderung, Hochseilgärten, Schildkrötenpark und die
schönsten Strände für Familien.

Diplomatische Vertretungen

Außer dem Konsulat in Bastia gibt es
keine deutschsprachigen Vertretungen
auf Korsika. Die nächsten Konsulate
beziehungsweise Botschaften sind in
Marseille zu finden.

**Honorarkonsulat der Bundes-
republik Deutschland**
Zone Industrielle RN 193 |
20200 Bastia | Tel. 04 95 33 03 56

**Generalkonsulat der Bundes-
republik Deutschland**
338 Avenue du Prado | 13008 Mar-
seille | Tel. 04 91 16 75 20

Honorarkonsulat von Österreich
10 Rue Bonaparte | 20000 Ajaccio |
Tel. 04 95 27 02 98

Konsulat der Schweiz
38 Cours Lucien Bonaparte | 20000
Ajaccio | Tel. 04 95 21 28 43

Feiertage

1. Jan. Jour de l'An (Neujahr)
Ostermontag Lundi de Pâques
1. Mai Fête du Travail (Tag der Arbeit)
8. Mai Fête de la Victoire 1945
(Kriegsende)
Christi Himmelfahrt Ascension
14. Juli Fête Nationale (National-
feiertag)
15. Aug. Assomption (Mariä
Himmelfahrt)
1. Nov. Toussaint (Allerheiligen)
11. Nov. Armistice 1918 (Waffen-
stillstand 1918)
25. Dez. Noël (Weihnachten)

Geld

Geldautomaten für EC/Maestro- und
Kreditkarten sind in allen größeren
Orten vorhanden.
Das Zahlen mit EC/Maestro- oder Kre-
ditkarte ist in Frankreich in größeren
Hotels, vielen Restaurants oder Tank-
stellen und auch Supermärkten prob-
lemlos möglich, zum Teil sogar üblich.

Weit verbreitet sind Visa, American Express, Diners und Mastercard.

Links und Apps

LINKS

www.corsicatheque.com
Die Korsikathek sammelt Informationen über Kunst, Kultur, Musik und Geschichte der Insel. Mit aktuellem Veranstaltungskalender, aber leider ausschließlich auf Französisch.

www.paradisu.de
Die private Seite des Korsikafans Martin Lendi liefert vor allem für Sportler viele Informationen, die Sie sonst nirgendwo finden werden.

www.visit-corsica
Auf der offiziellen Seite des korsischen Fremdenverkehrsverbandes finden Sie aktuelle Termine für Märkte und Veranstaltungen und Adressen von Autovermietung über Outdoor-Veranstalter bis zu Hotel und Ferienwohnung.

www.abenteuer-gr20.de
Tipps und Fotos rund um den 170 km langen Fernwanderweg GR 20, der das Traumziel Zehntausender ambitionierter Wanderer ist. Für den gesamten GR 20 sollte man wenigstens 15 Tage einkalkulieren, wobei die Saison von Mitte Juni bis Ende Oktober dauert.

APPS

Corse Matin
App der großen korsischen Tageszeitung mit Wetterbericht, regionalen Veranstaltungen und Lokalnachrichten.
Für Android und iPhone | kostenlos

Französisch-Wörterbuch
Ein Wörterbuch mit Offline-Anwendung wie Babbel oder Leo helfen unterwegs in vielen Situationen. Die um-

fangreichen Daten laden Sie am besten schon zu Hause auf Handy oder Tablet.
Für Android und iPhone | kostenlos

Medizinische Versorgung

KRANKENVERSICHERUNG

Die Vorlage einer Europäischen Krankenversicherungskarte (EHIC) ist ausreichend. Als zusätzlicher Versicherungsschutz empfiehlt sich der Abschluss einer Auslandskrankenversicherung, da diese Krankenrücktransporte mitversichert.

KRANKENHAUS

Krankenhäuser befinden sich in Ajaccio, Bastia, Corte und Sartène.
Erste Hilfe leistet auch die SAMU (Service d'Aide Médicale d'Urgence), die auf ganz Korsika unter Tel. 15 erreichbar ist.

APOTHEKEN

Die Apotheken der Insel sind in der Regel Mo–Sa von 9–12 und 14–19 Uhr geöffnet.

Nebenkosten

1 Tasse Kaffee .... 1,50 €
1 Flasche La Pietra .... 3–4 €
1 Glas Cola .... 2,50–3 €
1 Kugel Eis .... 2–3 €
1 Crêpe süß oder salzig .... 3–5 €
1 Croissant .... 1 €
Frühstück im Café .... 6–8 €

Notruf

Euronotruf Tel. 112
(Polizei, Feuerwehr, Rettungsdienst)

Post

Die Briefkästen in Frankreich sind gelb. Briefmarken erhält man in Tabakläden und Postfilialen. Eine Postkarte nach Deutschland, Österreich und in die Schweiz kostet 0,80 €.

Reisedokumente

Deutsche, Österreicher und Schweizer können mit einem gültigen Reisepass oder Personalausweis (Identitätskarte) einreisen. Kinder benötigen ein eigenes Reisedokument.

Reisezeit

Die beste Reisezeit variiert mit Ihren Plänen. Zum Wandern oder Mountainbiken in den Küstenregionen kann man schon ab Ostern auf die Insel reisen. Spätestens ab Mai sind auch Wege wie der »Tra Monti e Mare« gut begehbar. Nur wer ins Hochgebirge möchte, muss bis zum Juni warten. Im Mai und Juni steht die Macchia in voller Blüte, und die berühmte Behauptung Napoleons, er könne seine Insel mit geschlossenen Augen am Duft erkennen, gewinnt an Wahrheitsgehalt. Ab Juni wird Regen selten, und das Wasser erreicht langsam behagliche Temperaturen. Der Juli und der August sind die Zeit der Sonnenanbeter. Temperaturen über 30 °C sind normal, und Regen ist fast ein Fremdwort. Jetzt ist auf der Insel Hochsaison. Schon Ende August ist der Zauber vorbei, obwohl der September und teilweise auch der Oktober noch mild sind. Im Gegensatz zum Frühjahr ist das Land nicht saftig und grün, sondern eher braun und ausgelaugt, trotzdem ist auch der Herbst mit angenehmen Wassertemperaturen eine attraktive Reisezeit.

Sicherheit

Die Häufigkeit von Diebstählen entspricht der auf dem europäischen Festland. Es gilt hier wie überall: Lassen Sie keine Wertgegenstände sichtbar im Auto liegen.
Anschläge der korsischen Unabhängigkeitsbewegung sorgten immer wieder mal für Schlagzeilen in internationalen Zeitungen. Der Protest richtet sich jedoch nicht gegen den Tourismus an sich, sondern gegen Großprojekte finanzstarker Investoren vom Festland. So waren es oft leer stehende Hotelrohbauten, die nachts in die Luft flogen,

Klima (Mittelwerte)

	Januar	Februar	März	April	Mai	Juni	Juli	August	September	Oktober	November	Dezember
Tagestemperatur	13	14	16	18	21	25	27	28	26	22	18	15
Nachttemperatur	3	4	5	7	10	14	16	16	15	11	7	4
Sonnenstunden	4	5	6	8	10	12	12	11	9	7	5	4
Regentage pro Monat	12	10	9	9	8	4	1	2	6	10	11	13
Wassertemperatur	13	13	13	14	16	20	22	23	22	20	17	15

um das Recht auf den freien Zugang zur Küste zu verteidigen. Anschläge auf Touristen gab und gibt es nicht.

Strom

Französische Steckdosen unterscheiden sich vom deutschen Pendant durch den aus der Dose ragenden Schutzleiter. Alle neueren runden Stecker und die flachen Eurostecker passen trotzdem. Geräte mit Schweizer Stecker lassen sich dagegen nur mit Adapter anschließen. Die elektrische Spannung entspricht den üblichen 220/230 Volt.

Telefon

VORWAHLEN

D, A, CH ▶ Frankreich 00 33
Frankreich ▶ D 00 49
Frankreich ▶ A 00 43
Frankreich ▶ CH 00 41

Öffentliche Telefone finden Sie häufig in der Touristeninformation oder, wie bei uns auch, in den Filialen der Post. Mobiltelefone sind weit verbreitet, und das Handynetz ist entsprechend gut. Mobilfunknetze sind lediglich in entlegenen Bergregionen instabil.

Tiere

Hunde und Katzen benötigen zur Einreise einen EU-Heimtierausweis (stellt der Tierarzt aus) mit Nachweis einer Tollwutimpfung. Das Tier muss durch einen Mikrochip identifizierbar sein.

Verkehr

AUTO

Korsikas Straßennetz ist gut ausgebaut, und die Strecken mit tiefen Schlaglöchern, denen man noch vor wenigen Jahren vielerorts begegnete, sind inzwischen fast alle saniert. Wer in den Bergen nicht unbedingt die allerkleinsten Verbindungswege wählt, wird keine Probleme haben. Die Korsen sind ein Volk mit Temperament und fahren flott und risikoreich. Als Gast sollten Sie dagegen unbedingt einen defensiven Fahrstil pflegen. Vor allem die schmalen, kurvigen Straßen an den Steilhängen der Westküste und in den Bergen erfordern umsichtige Fahrweise, da es am Straßenrand oft senkrecht hinuntergeht. Auch frei laufende Tiere sind auf Bergstraßen nicht ungewöhnlich.

Wie überall in Frankreich liegt die Promillegrenze bei 0,5. Höchstgeschwindigkeiten sind im Ort 50 km/h und auf Landstraßen 90 km/h. Nur auf den wenigen zweispurigen Schnellstraßen dürfen 110 km/h gefahren werden. Eine durchgezogene gelbe Linie am Bordstein signalisiert absolutes Halteverbot, eine gestrichelte gelbe Linie bedeutet Parkverbot. Blaue Parkzonen, in denen die Parkzeit Mo–Sa 9–12 Uhr und 14.30–19 Uhr auf eine Stunde begrenzt ist (Parkscheibe verwenden!), sind auf Korsika seltener anzutreffen. Seit 2012 ist das Mitführen eines Promillemessers im Pkw erforderlich, ebenso müssen orangefarbene Sicherheitswesten mitgeführt werden.

FAHRRAD

Ein Fahrrad ist auf Korsika ein Sportgerät und nicht als normales Verkehrsmittel anzusehen. Fahrradwege existieren nicht, nicht einmal in den größeren Städten. Mountainbikes können Sie dagegen in vielen Orten leihen. Der neue Trend der E-Bikes hat die Insel noch nicht erreicht.

MIETWAGEN

Autos können Sie in allen größeren Küstenorten leihen. Die Stationen befinden sich meist am Hafen. Tagespreis für einen Kleinwagen ab ca. 60 €, für eine Woche ab ca. 250 €.

ÖFFENTLICHE VERKEHRSMITTEL

Die Fortbewegung mit öffentlichen Verkehrsmitteln braucht auf Korsika gute Planung. Herzstück des öffentlichen Transportes ist die Zugverbindung von Bastia über Corte nach Ajaccio mit etwa sechs täglichen Abfahrten. Nur zweimal am Tag wird die Querverbindung nach Calvi bedient, und auch die Linienbusse, die die größeren Küstenorte miteinander verbinden, fahren maximal 2- bis 3-mal am Tag. Alle aktuellen Bus- und Zugpläne finden Sie unter www.corsicabus.org.

Zeitungen und Zeitschriften

Die wichtigste regionale Tageszeitung ist die »Corse-Matin«, der freitags eine Sonderbeilage mit Themen über die Insel beiliegt. Deutsche Zeitungen bekommen Sie in den größeren Touristenorten – allerdings meist mit ein bis zwei Tagen Verspätung.

Zoll

Reisende aus Deutschland und Österreich dürfen Waren abgabenfrei mit nach Hause nehmen, wenn diese für den privaten Gebrauch bestimmt sind. Bestimmte Richtmengen sollten jedoch nicht überschritten werden (z. B. 800 Zigaretten, 10 kg Kaffee). Weitere Auskünfte unter www.zoll.de und www.bmf.gv.at/zoll.

Reisende aus der Schweiz dürfen Waren im Wert von 300 SFr abgabenfrei mit nach Hause nehmen, wenn diese für den privaten Gebrauch bestimmt sind. Tabakwaren und Alkohol fallen nicht unter diese Wertgrenze und bleiben in bestimmten Mengen abgabenfrei (z. B. 200 Zigaretten, 2 l Wein). Weitere Auskünfte unter www.zoll.ch.

Entfernungen (in Kilometern) zwischen wichtigen Orten

	Ajaccio	Aléria	Bastia	Bonifacio	Calvi	Corte	Ersa	Porto	Porto-Vecchio	Sartène
Ajaccio	–	106	147	138	144	76	197	82	148	84
Aléria	106	–	71	116	116	48	121	136	88	108
Bastia	147	71	–	187	94	71	50	135	159	179
Bonifacio	138	116	187	–	232	164	237	220	28	54
Calvi	144	116	94	232	–	68	128	77	204	228
Corte	76	48	71	164	68	–	121	88	136	160
Ersa	197	121	50	237	128	121	–	185	209	229
Porto	82	136	135	220	77	88	185	–	222	166
Porto-Vecchio	148	88	159	28	204	136	209	222	–	64
Sartène	84	108	179	54	228	160	229	166	64	–

ORTS- UND SACHREGISTER

Wird ein Begriff mehrfach aufgeführt,
verweist die **fett** gedruckte Zahl auf die Hauptnennung.
Abkürzungen: Hotel [H] · Restaurant [R]

Liebe Leserinnen und Leser,

vielen Dank, dass Sie sich für einen Titel aus unserer Reihe MERIAN *momente* entschieden haben. Wir wünschen Ihnen eine gute Reise. Wenn Sie uns nun von Ihren Lieblingstipps, besonderen Momenten und Entdeckungen berichten möchten, freuen wir uns. Oder haben Sie Wünsche, Anregungen und Korrekturen? Zögern Sie nicht, uns zu schreiben!

Alle Angaben in diesem Reiseführer sind gewissenhaft geprüft. Preise, Öffnungszeiten usw. können sich aber schnell ändern. Für eventuelle Fehler übernimmt der Verlag keine Haftung.

© 2014 TRAVEL HOUSE MEDIA GmbH, München
MERIAN ist eine eingetragene Marke der GANSKE VERLAGSGRUPPE.

TRAVEL HOUSE MEDIA
Postfach 86 03 66
81630 München
merian-momente@travel-house-media.de
www.merian.de

Alle Rechte vorbehalten. Nachdruck, auch auszugsweise, sowie die Verbreitung durch Film, Funk, Fernsehen und Internet, durch fotomechanische Wiedergabe, Tonträger und Datenverarbeitungssysteme jeglicher Art nur mit schriftlicher Genehmigung des Verlages.

BEI INTERESSE AN MASSGESCHNEIDERTEN MERIAN-PRODUKTEN:
Tel. 0 89/4 50 00 99 12
veronica.reisenegger@travel-house-media.de

BEI INTERESSE AN ANZEIGEN:
KV Kommunalverlag GmbH & Co KG
Tel. 0 89/9 28 09 60
info@kommunal-verlag.de

1. Auflage

VERLAGSLEITUNG
Dr. Malva Kemnitz
REDAKTION
Simone Duling
LEKTORAT
Andrea Mertes
BILDREDAKTION
Tobias Schärtl
SCHLUSSREDAKTION
Ulla Thomsen
HERSTELLUNG
Bettina Häfele, Katrin Uplegger
SATZ
Nadine Thiel, kreativsatz, Baldham
REIHENGESTALTUNG
Independent Medien Design, Horst Moser, München (Innenteil), La Voilà, Marion Blomeyer & Alexandra Rusitschka, München und Leipzig (Coverkonzept)
KARTEN
Gecko-Publishing GmbH für MERIAN-Kartographie
DRUCK UND BINDUNG
Firmengruppe APPL, aprinta Druck, Wemding

Ein Unternehmen der
GANSKE VERLAGSGRUPPE

PEFC
PEFC/04-32-0928

BILDNACHWEIS
Titelbild (Bonifacio), Getty Images: Robert Harding World Imagery
Alamy: Robert Harding Picture Library Ltd 138 | Bildagentur Huber: Kaos02 58, 70/71, S. Riccardo 101, G. Simeone 18 | Corbis: C. Boisvieux 26 | F1Online: Ubach/AGE 11m | Fotolia: emmi 51 | gemeinfrei 141l, 143, 144r | Getty Images: AWL Images 65, The Image Bank 46, Lonely Planet 144l | Heralder (CC BY-SA 3.0) 142l | S. Holtkamp 19, 36, 40, 50, 52, 53, 104, 113, 121 | Imago: S. Stallmann 43 | Korsika Adventure 35 | laif: Fautre/Le Figaro Magazine 54, 125, 126/127 Le Figaro Magazine 79, B. Gardel/hemis.fr 103, M. Gotin/hemis.fr 69, F. Guiziou/hemis.fr 56/57, 136/137, G. Haenel 83, R. Mattes/hemis.fr 4/5, 87, 123, C. Moirenc/hemis.fr 80, 129, G. Saussier/GAMMA 114, J.-D. Sudres/hemis.fr 12 | G. Westrich 29 | look-foto 90, 95 | Maison Borghetti 25 | mauritius images: Alamy 39, 67, 85, W. Bibikow 77, Cubo Images 133, imagebroker 15, 131 | C. Moirenc, Murtoli: 22 | Prisma: Peter Baker 160u | Schapowalow: M. Borchi/SIME 20/21, R. Spila/SIME 6 | Shutterstock.com: Allard One 14, Dominik Michalek 116, Dr. J. Beller 13l, foto76 33, Hannamariah 17, infografik 13 r, Malchev 140l, Malgorzata Kistryn 30, maudanros142 r, Pecold 140r, Ljupco Smokovski 145 | Stockphoto: helovi 2 | ullstein bild 160o | vario images: TipsImages 106 | Your Photo Today 16, 109

KORSIKA GESTERN & HEUTE

Bereits Anfang des 20. Jh. war **Ajaccio** (▶ S. 81) ein beliebtes Reiseziel. Damals liefen die großen Dampfer qualmend und mit sonorem Tuten in den Wintermonaten in den Hafen ein. Die Passagiere waren vornehmlich Briten, die am Mittelmeer die wärmende Sonne suchten. Im Jahr 1890 zählte man etwa 1000 Gäste. Heute sind es mehr als 1000 Menschen, die eine einzige Fähre verlassen, und wo vor 70 Jahren die Netze der Fischer trockneten, befindet sich jetzt der Anleger der Ausflugsboote.